**나는 여성,
학자입니다**

나는 여성, 학자입니다

고대부터 근대까지
시대의 한계를 뛰어넘은 여성 학자들

박민규 지음

• 이야기를 시작하며 •

"큰 영광입니다. 젊은 여성 과학자와 수학자에게 용기를 북돋울 수 있다면 매우 기쁠 것입니다. 앞으로 더 많은 여성이 이런 종류의 상을 받으리라 확신합니다."

〈스탠퍼드 뉴스〉(2014. 8. 12.)

여성으로는 최초로 수학 분야의 노벨상이라고 불리는 필즈상을 받은 수학자 마리암 미르자하니(1977~2017)의 수상 소감이다. 역사에 기록된 첫 여성 학자로 꼽히는 수학자이자 철학자였던 히파티아가 알렉산드리아 거리에서 폭도의 손에 목숨을 잃은 지 약 1600년이 지난 지금, 학문과 정치, 경제, 예술, 체육 등 모든 분야에서 여성들이 활약하고 있다.

오랫동안 여성은 학계에서 이름을 알리기 힘들었다. 사실, 교육받을 기회를 비롯해 인간의 기본 권리를 제대로 누리기 시작한 것도 그리 오래되지 않았다. 여성이 대학에 입학하고, 투표하고, 정치에 참여할 수 있게 된 지도 이제 100여 년이 지났을 뿐이다. 20세기에 들어서 어렵게 고

등 교육을 마친 여성들조차 자신이 배운 것을 활용하여 전문직으로 자리를 잡는 데 여러 어려움이 있었다. 운 좋게 자리를 잡았다 하더라도 남성에 비해 적은 급여를 받고 낮은 지위에 머무르는 등의 보이는 차별을 받아왔고, 성과를 평가받고 승진하는 사람을 정할 때 남성을 우선 추천하는 보이지 않는 차별도 받았다.

하지만 이런 어려움에도 불구하고 포기하지 않고 연구를 계속해 학문 발전에 이바지하고 다른 이들에게 꿈과 용기를 준 여성 학자들의 이야기를 담아 보았다. 이들의 이야기가 자신의 꿈을 키우는 여러분에게 조금이나마 도움이 되기를 기대한다.

고대 문명의
발원

고대 그리스
문명의 탄생

로마 건국

의학의 아버지,
히포크라테스

BC 3500   BC 1100   BC 753   BC 460?~BC 370?

대수학의
아버지,
알 콰리즈미

서로마 제국의
멸망

히파티아

아리스토텔레스

780?~850?   476   355?~415   BC 384~BC 322

이븐 시나,
《의학 전범》을 쓰다

십자군 전쟁의
시작

빙엔의 성녀
힐데가르트

1022   1095   1098~1179

코페르니쿠스의
'지동설'

종교개혁,
마르틴 루터
95개 반박문

콜럼버스,
아메리카 도착

문예 부흥이
시작되다

1543   1517~   1492   약 1300~

루이즈 부르주아

뉴턴의
'만유인력의
법칙'

라우라 바시

산업혁명

1563~1636   1687   1711~1778   1760~

제2차
세계 대전

최초의 컴퓨터,
콜로서스 발명

세계 최초
인공위성 발사

아폴로 11호
달 착륙

1939~1945   1943~1945   1957   1969

로절린드 프랭클린

미국 주식시장
대폭락,
경제 대공황

국제 연맹
(UN) 창설

제1차
세계 대전

1929   1920~1958   1920   1914~1918

레이첼 카슨

최초의
동력 비행기 발명

아인슈타인,
일반 상대성 이론
발표

1903   1907~1964   1915

마거릿 미드   리제 마이트너   마리 퀴리

최초의
증기 기관차
등장

1901~1978   1878~1968   1867~1934   1825

에이다 러브레이스

미국 독립

제임스 와트의
'증기기관'

찰스 배비지,
'기계식 계산기'
발표

1776   1815~1852   1776   1822

7

· 차례 ·

01

진리와 결혼한
최초의 여성 수학자

히파티아

Hypatia, 355?~415

수학의 발전을 위해 만들어진 국제기구인 국제수학연맹 소속 80여 개 나라의 수학자들은 4년마다 모여 '세계수학자대회'를 연다. 이 대회에서는 뛰어난 성과를 거둔 수학자에게 '필즈상'을 준다. 필즈상은 40세 이하의 젊은 수학자에게 주는 수학 분야에서 최고로 권위가 있는 상이다. 2014년 서울에서 열린 세계 수학자 대회에서는 이란 출신의 마리암 미르자하니가 여성으로는 최초로 필즈상◆ 수상의 영광을 차지했다.

　415년, 고대 학문의 중심지였던 알렉산드리아에서 여성 학자 히파티아가 기독교 광신자들의 습격을 받아 길거리에서 잔인하게 살해당했다. 당시 로마의 복잡한 종교적, 정치적 갈등이 수학자이자 자연철학자이며 많은 제자를 길러낸 뛰어난 스승이기도 했던 히파티아를 비극적인 죽음

◆　2022년 7월 대한민국 출신 수학자 허준이 교수가 한국인으로는 처음 필즈상을 수상했다.

으로 몰아넣었다. 미르자하니가 필즈상을 받기 1600년 전이었다.

아버지에게 가르침을 받은 여자아이

. . .

기록에 남아있는 최초의 여성 수학자이자 자연철학자인 히파티아는 355년경 알렉산드리아의 유명한 수학자이자 교사인 테온의 딸로 태어났다. 아버지 테온은 히파티아에게 수학과 천문학, 철학을 가르쳤고, 똑똑하고 공부하기를 좋아했던 히파티아는 뛰어난 수학 실력을 보였다.

당시 그리스에서 여성이 공부를 많이 하는 것은 흔한 일이 아니었다. 상류층 집안의 남자아이들은 어려서부터 부모와 가정교사에게 기본적인 읽기, 쓰기를 배우고 나이가 좀 더 들면 문법, 수사학, 철학, 고전 문학 등을 배웠다. 그 후 대학에서 공부를 계속해서 학자가 되거나 그리스를 지배하던 로마 제국의 공무원이나 법률가가 되었다. 그러나 여자아이들은 보통 편지를 읽고 쓰고, 집안 살림을 하고, 어린 자녀에게 기초 교육을 할 수 있을 정도만 공부했다. 그마저도 귀족이나 부유한 상류층의 경우였고, 먹고살기 바쁜 보통 사람들은 글을 읽고 쓰는 방법을 배우기도 쉽지 않았다.

히파티아는 아버지가 운영하는 학교에서 다른 학생들과 함께 다양한 공부를 할 수 있었다. 어린 히파티아는 아버지의 제자였지만, 10대 후반에는 학문 수준이 높아져 아버지의 동료가 되었다.

학문의 중심지 알렉산드리아

• • •

히파티아가 태어나 자란 알렉산드리아는 알렉산드로스 대왕이 자신의 업적을 기념하기 위해 지중해 연안에 자기 이름을 따서 만든 거대한 도시이다. 프톨레마이오스 1세가 이집트 왕조를 수립하며 수도로 삼은 도시이기도 했다. 프톨레마이오스 1세는 알렉산드리아를 전 세계의 문화 중심지로 만들기 위해 노력했다. 그가 세운 '무세이온'이라는 연구소에는 이름난 학자들이 찾아와 공부했으며, '알렉산드리아 대도서관'은 엄청나게 많은 양의 책과 자료를 모은 것으로 전 세계적인 명성을 얻었다.

히파티아가 활동할 당시의 알렉산드리아는 세계 최대의 도시이자 학문과 과학의 중심지였다. 또한 다양한 종교 활동이 이루어졌는데 그리스와 로마의 전통 신을 믿는 사람들, 새롭게 세력을 키워 로마의 국교가 된 기독교, 그리고 유대교를 믿는 사람들이 함께 모여 살았다.

당시 알렉산드리아 대도서관을 상상해서 그린 그림

학자로서 크게 이름을 떨치다

. . .

히파티아는 수학책을 여러 권 썼다. 그중에는 '우주가 지구를 중심으로 회전한다'라는 천문학 이론(천동설)의 뼈대가 된 프톨레마이오스의 《알마게스트》를 해설한 책도 있다. 《알마게스트》는 2세기에 쓰인 논문으로, 역대 가장 영향력 있는 과학 문헌 가운데 하나이다. 이처럼 유명한 책의 해설서를 쓰는 것은 그 사람의 학문적 위치를 잘 나타내는 증거이기도 하다. 히파티아는 옛날 말투로 어렵게 쓰인 《알마게스트》를 당대 사람들이 쉽게 이해할 수 있도록 고쳐 쓰고, 책에 나오는 수학 공식을 쉽고 명료하게 풀이하고, 때로는 수식 중간에 자기만의 방법을 넣기도 하는 등 학문의 깊이를 보였다.

30대가 된 히파티아는 알렉산드리아에서 이름을 떨쳤다. 히파티아는 아버지가 운영하는 학교에서 학생을 가르치기 시작했으며, 얼마 지나지 않아 주임 교수가 되어 학교의 중심으로서 학생들에게 수학, 천문학, 철학 등을 가르쳤다. 히파티아의 명성은 고대 지중해 전역에 퍼졌고, 그녀에게 배운 제자도 계속 늘어갔다. 히파티아는 자연스럽게 알렉산드리아 상류층의 여론을 주도하게 되었다. 비록 여성이라는 이유로 앞장서서 정치적인 활동을 하지는 못했지만, 히파티아의 의견을 따르는 사람이 늘어감에 따라 정치적으로도 힘을 얻었다.

종교 갈등으로 혼란에 빠진 알렉산드리아

. . .

　로마 제국에서 탄압당하던 기독교는 세력을 넓혀 380년에는 로마 제국의 국교가 되기에 이르렀다. 그 후로는 오히려 기독교가 그리스, 로마의 전통 신을 믿는 이들을 박해하기 시작했다. 391년에는 기독교가 아닌 다른 종교의 신전을 폐쇄하고, 신에게 제물을 바치고 제사 지내는 것을 금지하여 전통 종교를 믿는 사람들을 화나게 했다.

　알렉산드리아의 기독교 대표자는 총대주교라고 불렸다. 어느 날 총대주교인 테오필루스는 지하에 모셔져 있던 종교의 신을 조각한 동상을 찾아내서 길거리에 전시했다. 자신들이 믿는 신이 보잘것없는 취급을 받자 화가 난 신자들은 기독교인들을 공격했고, 기독교 신자들도 이에 맞서 싸웠다. 이 다툼으로 수백 명이 죽거나 다쳤으며, 세라피스라는 신을 모시던 '세라페움' 신전이 기독교 신자들에 의해 파괴되었다. 당시 알렉산드리아의 세라페움 신전은 이집트의 자랑거리이자 그리스, 로마 문명의 대표적인 명소였고 시민들을 위한 도서관 역할도 하던 곳이었다. 세라페움의 파괴는 그리스와 로마의 전통문화가 몰락하고 있다는 것을 보여주는 사건이었다.

　412년 테오필루스가 죽은 뒤에는 그의 외조카인 키릴로스가 자리를 이어받았다. 키릴로스는 다른 종교와의 투쟁에 더 적극적

세라피스 신상

세라페움 신전의 유적

이었고, 키릴로스를 중심으로 한 기독교인들은 유대인과 갈등을 빚어 결국 유대인을 알렉산드리아에서 몰아내기에 이르렀다. 하지만 유대인은 알렉산드리아가 세워질 때부터 터를 잡고 살던 사람들이었으며 로마법에도 유대인을 박해하지 못하게 되어 있었다. 이에 당시 이집트의 총독이었던 오레스테스가 로마 황제에게 "키릴로스가 법을 어기고 유대인을 박해한다"라며 고발했지만, 로마 황제는 키릴로스를 처벌하지 않았다.

키릴로스를 지지하는 기독교 수도사들은 오레스테스를 이교도라고 비난했다. 그중 암모니오스라는 수도사는 오레스테스에게 돌을 던져 머리에 상처를 입혔다. 암모니오스는 총독을 공격한 죄로 병사들에게 잡혀 고문받다가 죽었는데, 키릴로스는 암모니오스를 순교자로 인정했다. 이렇게 오레스테스와 키릴로스의 갈등은 화해하기 불가능할 정도로 깊어졌다.

치열한 종교 다툼 속 죽음을 맞이하다

· · ·

당시 히파티아는 알렉산드리아 지식인 사회의 지도자 격이었다. 사람들의 존경을 받았으며, 중요한 직책은 남자들만 차지하고 있는 사회에서도 거리낌이 없었다. 히파티아는 오레스테스와도 자주 만나 이야기를 나누는 사이였다. 기독교 신자들은 히파티아가 오레스테스에게 나쁜 생각을 불어넣어 오레스테스와 키릴로스의 화해를 막는다고 생각해서 그녀를 미워했다.

415년 3월의 어느 날, 페테르라는 사람이 이끌던 기독교 광신도 무리가 히파티아를 습격했다. 그들은 마차에 타고 있던 히파티아를 길거리로 끌어내어 때려죽이고, 시체를 조각내 불에 태워 버리는 끔찍한 일을 저질렀다. 어떤 사람은 키릴로스가 히파티아의 학문적 능력을 시기해서 살해를 지시했다 하고, 히파티아가 기독교 철학과 어긋나는 주장을 했기 때문에 죽임을 당했다는 이야기도 있지만 확실하지는 않다. 그보다는 키릴로스와 오레스테스 사이의 종교적, 정치적 갈등의 희생자라는 주장이 가장 일반적으로 받아들여진다.

히파티아의 끔찍한 죽음에 충격을 받은 이들은 키릴로스와 기독교 광신도들을 크게 비난했다. 하지만 키릴로스는 별다른 벌을 받지 않고 이후로도 기독교 지도자로 크게 이름을 날렸으며, 죽은 후에는 성인으로 추앙받았다. 이후 오레스테스는 키릴로스의 세력에 밀려나 결국 알렉산드리아를 떠났다.

히파티아의 죽음

진리와 결혼한 히파티아

. . .

히파티아의 제자인 시네시우스는 히파티아가 '플라톤의 머리와 아프로디테의 모습을 지녔다'라고 묘사했고 그 후 많은 책과 그림에서 히파티아는 늘 젊고, 똑똑하며 아름다운 '여신'의 모습으로 그려진다. 또한 히파티아는 공정하고 정직하며, 윤리적이고 지적인 용감한 여인으로 그려진다. 당시 수많은 왕자, 귀족, 학자들이 그녀에게 사랑을 고백하고 청혼했지만, 히파티아는 그때마다 "나는 진리와 결혼했다"라는 말로 거절했다고 한다.

히파티아의 이야기는 교회의 역사와 함께 전해지다가 17세기 후반이 되면서 본격적으로 조명되기 시작했다. 18세기부터는 히파티아의 생애와 업적을 다룬 다양한 그림과 문학 작품이 등장했으며, 2009년에는 〈아고라〉라는 영화로도 만들어졌다.

어떤 이들은 히파티아가 운 좋게 좋은 환경에서 태어나 교육받은 여성이었는데, 키릴로스를 비난하는 사람들에 의해 영웅적으로 그려졌다며 낮추어 보기도 한다. 비록 남아 있는 자료가 적어 히파티아의 학문적인 업적이 정확히 드러나지는 않지만, 히파티아는 처음으로 여성 학자로서 인류 역사에 자신의 이름을 드높였다. 여자가 공부하고 전문적인 직업을 가지는 것이 불가능했던 시대의 한계를 극복한 히파티아는 오늘날까지 여성 학자의 상징으로 자리 잡았다.

히파티아와 어깨를 나란히 했던 여성 학자들

히파티아가 가장 유명하고 뛰어났지만, 그녀 못지않게 이름을 날리던 다른 여성 학자도 있었다. 이들은 모두 철학을 공부하고, 수학과 철학을 가르쳤다. 알렉산드리아의 '판드로시온'은 정육면체의 부피를 두 배가 되게 하려면 한 변의 길이를 얼마나 늘여야 하는지 계산하는 방법을 고안했다고 알려졌다. 페르가몬의 '소시파트라'는 철학 교사로 자신을 따르는 학생들을 가르쳤으며, 예언자로서 신의 목소리를 전달했다고도 한다. 에페수스의 '막시무스의 아내'라고만 전해지는 이도 있다. 막시무스는 당시 유명한 철학자였지만 대중의 인기와 유명세에 점점 타락한데 비해 그의 부인은 지위와 명예에는 아랑곳하지 않고 순수한 지혜와 지식을 여성들에게 알렸다고 한다. 아테네의 '아스클레피게이아'는 히파티아의 학문적 맞수였던 아테네의 철학자 '플루타코스'의 딸이었다. 그녀는 아테네에서 아버지를 도와 학생을 가르쳤고, 아버지가 죽은 후에는 철학 교실을 물려받아 많은 제자를 길렀다. 이 네 여성 학자에 관한 자세한 기록은 많이 남아있지 않지만 아마도 히파티아와 비슷한 어려움 속에서 자신의 길을 개척했을 것이다.

02

교회 학자가 된
예언자

빙엔의 성녀 힐데가르트

St. Hildegard of Bingen, 1098~1179

교황 베네딕토 16세는 빙엔의 성녀 힐데가르트에게 '교회 학자Doctor of the Church'라는 칭호를 부여하면서, 그녀를 "신에게서 받은 은총으로 뛰어난 지성과 깊은 감수성, 그리고 영적인 권위를 보여 교회의 발전에 귀중한 공헌을 한 12세기의 중요한 여성"이라 했다.

〈가톨릭 뉴스 에이전시〉 (2012. 7. 9.)

가톨릭은 성인으로 받들어진 인물 중에서도 학식이 뛰어나고 교회 발전에 큰 공을 세운 사람에게 '교회 학자'라는 칭호를 수여한다. 지금까지 교회 학자의 명예를 얻은 사람은 37명뿐이고, 힐데가르트는 여성으로서는 네 번째 교회 학자였다. 힐데가르트는 신의 말씀을 전하는 예언자이면서 동시에 뛰어난 식물학자이자 의사이며 약사였고, 작곡가이자 시인이기도 했다. 힐데가르트가 남긴 치료법은 오늘날까지 쓰이고 있으며,

작곡한 곡도 연주되고 있다. 힐데가르트는 여성이 제대로 된 교육도 받기 어려웠던 시절 뛰어난 업적을 남긴 천재 만물박사였다.

수녀원에 들어간 귀족 집안의 막내딸

• • •

힐데가르트는 1098년 독일 베르머스하임에서 태어났다. 그녀의 집안은 대대로 이 마을에서 살던 귀족이었고 힐데가르트는 10명의 형제자매 중 막내였다. 어린아이 때부터 '환영'을 경험했던 힐데가르트는 여덟 살에 디지보덴베르크 수도원에 딸린 수녀원에 들어갔다. 당시 귀족 집안의 자녀는 어렸을 때부터 수도원에 들어가 공부해서 정식 사제가 되는 경우가 많았다. 아무리 귀족 집안의 아들이라 해도 손위 형제가 많으면 유산으로 물려받을 재산이 적었고, 특히 딸의 경우 집안에서 넉넉한 지참금을 챙겨주지 않으면 결혼하기 어려웠기 때문이다. 이렇게 수도원은 종교 기관이면서 동시에 비용을 지불할 수 있던 아이들의 보육 기관과 교육 기관 역할을 했다. 지위가 높지는 않지만 부유한 귀족 집안 출신이었던 힐데가르트는 수녀원에 들어가 슈폰

12세기에 세워진 프랑스 수도원

하임의 유타◆ 수녀 밑에서 라틴어, 문법, 수사학, 음악, 수학, 천문학 등을 공부하다가 17세 무렵 하느님의 뜻에 따라 청빈, 정결, 순명을 지킬 것을 약속하고 수녀가 되었다.

봉건제 사회의 유럽

• • •

힐데가르트가 살던 12세기 유럽은 봉건제 사회였다. 봉건제에서 왕은 영주에게, 영주는 자기 부하에게 땅을 나누어주고 다스리게 했다. 인구가 늘고 많은 사람이 모여 사는 도시가 성장했는데, 상업과 공업이 발전해서 도시마다 상인이나 장인들이 자신의 이익과 권리를 보호하기 위해 길드를 만들었다.

◆   유타 수녀가 죽은 후 가톨릭교회는 그녀를 신자들의 공경의 대상인 '복녀(blessed)'로 선포했다.

하지만 농민은 가혹한 노동과 세금에 시달렸다. 도시에는 일자리가 없는 가난한 사람, 제대한 군인, 수도원에서 도망친 수도사 등 부랑자가 넘쳤다. 거리는 오물과 쓰레기로 위생 상태가 형편없었고, 아플 때도 의사에게 보이거나 약을 쓰는 것이 매우 드문 일이었다. 여성은 아이를 낳아 키우며 싼값에 노동을 제공하는 존재로 여겨졌다.

그러나 이 시기는 인간의 합리적 이성을 신뢰하는 움직임이 시작된 시기이기도 하다. 유럽은 십자군 전쟁으로 이슬람과 본격적으로 접촉하며 화약, 나침반, 유리 가공과 같은 새로운 과학 기술을 받아들였다. 또 기독교의 박해로 유럽에서는 찾아보기 힘들었지만 이슬람에서 보전하던 고대 그리스 학자들의 학술 자료가 라틴어로 번역되어 유럽에 새롭게 뿌리를 내리기 시작했다.

예언자 힐데가르트와 수녀원의 성장
. . .

1136년 세상을 떠난 유타 수녀의 뒤를 이어 힐데가르트는 수녀원의 원장이 되었다. 힐데가르트는 하느님의 계시를 보고 들을 수 있었다고 한다. 그녀는 이런 자기 능력을 세상에 알리지 않은 채 환영을 통한 신의 말씀을 기록해 두었다. 1147년 독일을 방문한 교황 에우제니오 3세는 힐데가르트의 기록을 손수 검토한 후 그녀가 하느님의 계시를 받았다는 것을 인정하고 계속 기록을 남기도록 격려했다. 몇 년 후 힐데가르트는

26가지 계시를 묶어《시비아스》라는 신앙 교과서를 만들었다.

예언자로서의 명성이 높아지자 많은 수녀가 힐데가르트를 스승으로 삼고자 찾아왔다. 사람이 늘어나자 힐데가르트는 빙엔 근처 루페츠베르크에 새롭게 수녀원을 만들고 그곳으로 옮겨갔다. 거친 땅에 수녀원을 만들고 직접 농장과 포도밭을 일구어야 했기 때문에 힐데가르트와 수녀들은 자리를 잡을 때까지 고생을 많이 했다. 하지만 새로운 수녀원은 다른 수도원의 간섭을 받지 않았으며, 수녀원장도 수녀들이 자발적으로 선출할 수 있었다.

수녀들은 새벽 2시경 아침 기도를 시작으로 저녁 8시 마지막 기도를 드리기까지 기도와 독서, 그리고 노동으로 매일을 보냈다. 식사 준비와 빨래는 물론 빵을 굽고, 옷감을 짜고, 암소의 젖을 짜고, 포도주를 만들고, 약초 재배도 직접 했으며 성경을 읽고 공부하며 인쇄기가 없던 당시 소중한 책을 베껴 쓰는 일도 게을리할 수 없었다.

새로 세운 수녀원도 몰려든 사람들로 비좁아지자 힐데가르트는 1165년에 아이빙엔에 수녀원을 하나 더 세워서 두 곳을 왕래하며 수녀들을 지도했다. 루페츠베르크 수녀원은 1632년에 없어졌

독일 아이빙엔의 성 힐데가르트 수녀원

고, 아이빙엔의 수녀원은 1803년 문을 닫았지만 1904년 '베네딕도회 성
힐데가르트 수녀원'이라는 이름으로 다시 문을 열어 지금까지 남아 있다.

생물학자이자 의사였던 힐데가르트
• • •

　환자를 치료하고 돌보는 일은 수도원이 하는 중요한 일이었다. 수도
원에는 보통 작은 병원이나 약국, 그리고 가난한 사람을 돌보는 구호
소가 있었다. 수도사는 수도원 도서관에 보관하고 있는 고전 의학 서
적과 자료로 공부하고 수도원에 딸린 농장에서 약초를 길러 약재를 생
산했다.

　힐데가르트는 식물과 동물, 광물의 성질을 분석하고 이를 이용해서
질병을 예방하고 치료하는 방법을 연구했다. 힐데가르트는 《자연학》이
라는 책을 펴냈는데 여기에는 만물을 이루고 있는 원소, 수백 종의 식물
과 동물, 물고기와 파충류, 광물 등의 특성이 담겨 있다. 또한 건강에 이
롭고 병을 치료하는 데 도움이 되는 물고기, 캐모마일과 알로에와 같은
식물을 이용해서 건강을 회복하는 방법, 보석과 같은 광물을 이용한 치
료 방법도 담고 있다.

　힐데가르트는 오랫동안 수도원에 전해져 온 치료법과 당시 민간에서
널리 사용하던 치료법을 정리해서 《원인과 치료》라는 책도 썼다. 이 책
에서는 체질에 따라 어떤 치료가 적절한지 설명하는 한편, 적절한 잠과

휴식, 건강에 좋은 음식, 올바른 생활 습관의 중요성을 강조했는데 이는 오늘날 식이요법♦과 비슷하다.

작곡가 힐데가르트

• • •

힐데가르트가 남긴 음악 작품도 그녀의 업적에서 빼놓을 수 없다. 힐데가르트는 자신을 '성령의 하프'라고 했으며, 음악과 관련된 용어를 즐겨 사용하는 등 음악 사랑이 남달랐다. 그녀는 하느님을 찬양하는 노래 77편을 남겼는데 그 중 〈오르도 비르투툼Ordo Virtutum〉이라는 음악극은 오늘날에도 유명하다. '오르도'는 질서, 순서라는 뜻이며 '비르투툼'은 선함, 미덕, 장점이라는 뜻의 라틴어로 이 음악극은 선함과 악함이 서로 싸우다 결국 선함이 승리한다는 내용을 담고 있다. 힐데가르트는 곡을 만들었을 뿐 아니라 모든 음악의 가사를 직접 썼다. 1152년 루페르츠베르크 수녀원에서 처음 선보였던 이 음악극은 800여 년이 지난 1982년 독

〈오르도 비르투툼〉 악보 (비스바덴 헤센 주립 도서관)

♦   식품의 품질, 분량 따위를 조절하여 질병을 예방, 치료하는 방법

일 쾰른의 성당에서 다시 상연되어 독일 전역에 방송되었다. 지금은 온라인에서도 쉽게 찾아볼 수 있다.

종교 지도자 힐데가르트

. . .

힐데가르트가 유명해지며 높은 지위의 성직자들도 어려운 문제를 해결할 지혜를 빌리기 위해 그녀를 찾았다. 당시 독일의 황제였던 프리드리히 1세도 라인강 지역을 돌아볼 때면 힐데가르트를 초청해서 여러 차례 이야기를 나눴다. 힐데가르트의 가르침을 청하는 편지가 유럽 전역에서 쏟아져 들어왔고, 힐데가르트는 이에 답장하며 여러 사람과 교류했다. 그녀는 교황이나 황제의 눈치를 보지 않고 자기 의견을 솔직하고 거침없이 이야기했다.

60세가 된 힐데가르트는 여러 도시와 수도원을 방문하여 성직자와 일반인 앞에서 공개적으로 열정적인 설교를 시작했는데, 자기 일을 제대로 하지 않는 게으른 성직자를 엄하게 비난했다. 당시 다른 지역으로 여행하는 것은 어렵고 위험한 일이었다. 도로는 엉망이었고 강을 건너기 위한 다리도 없기 일쑤였다. 게다가 으슥한 길목에서는 강도가 숨어서 여행자를 습격했다. 제대로 된 숙박 시설도 없는 먼 거리를 황소가 끄는 수레를 타고 하루에 20~30km씩 여행하는 일은 젊은 사람들에게도 고된 일이었다. 힐데가르트는 이런 환경에도 굴하지 않고 72세까지 설교 여행을 계속했다.

성인 힐데가르트

• • •

　설교 여행을 그만두고 3년 후인 1179
년, 힐데가르트는 75세의 나이로 수녀
원에서 조용히 세상을 떠났다. 하지만
그녀가 죽고 난 후에도 수녀원을 찾는
사람들은 끊이지 않았고, 이곳에서 오
래된 병이 나았다는 사람도 자주 등장
했다.

1998년 독일에서 발행한 힐데가르트 탄생
900주년 기념 동전

　19세기 말 힐데가르트가 쓴 책이 다
시 출간되면서 그 이름이 다시 세상에 알려졌다. 많은 신학, 의학, 예술
분야의 전문가들이 힐데가르트의 업적을 연구하기 시작했다. 아이빙엔
에 세워진 성 힐데가르트 수녀원은 힐데가르트가 남긴 유산을 정리하고
출판하는 데 중심 역할을 했다. 독일은 1941년에 힐데가르트가 세상을
뜬 9월 17일을 축일로 삼고 기념했으며 가톨릭교회는 2012년 공식적으
로 힐데가르트가 성인이자 교회 학자라고 선포했다.

여성의 목소리를 전한 선구자

• • •

　힐데가르트는 종교뿐 아니라 자연과학, 의학, 약학, 예술 등 다양한 분
야에서 뛰어난 업적을 남긴 천재였다. 또한 그녀는 매우 강인하고 자신
감이 넘쳤다. 수도원에서 따로 독립해 수녀원을 세우고, 황제나 교황 앞
에서도 자신의 주장을 굽히지 않고, 모두가 보는 앞에서 고위 성직자의
게으름과 잘못을 꾸짖는 일은 아무나 할 수 없는 일이었다.

　중세 시대 여성은 가부장적 사회 제도와 권위주의의 억압 속에서 종
속적이고 보조적인 역할을 할 수밖에 없었다. 하지만 힐데가르트는 "하
느님은 힘센 사람이 아니라 약한 사람을 도구로 신의 뜻을 드러낸다"라
고 생각하며 그것이 여성의 특성이자 장점이라고 강조했다. 또한 "남자
와 여자는 서로 합쳐 하나의 인간이고, 서로에게 의존한다"라고 이야기
하면서 서로가 없어서는 안 되는 존재라고 주장했다. 힐데가르트의 사상이 중세의 꽉 막힌 시각을 완벽히 극복하지는 못했지만, 그녀는 시대를 앞서 여성의 목소리를 세상에 전한 선구자였다.

수녀에게 가르침을 내리고 있는 빙엔의 성녀 힐데가르트

환영과 시비아스

존재하지 않는 것을 눈으로 보는 경험을 '환영' 또는 '환각'이라고 한다. 이러한 환영이나 환각은 종교에 관해 깊이 사색하거나, 특별한 약물을 복용하거나 아니면 정신 질환이 있는 경우에도 경험할 수 있다. 힐데가르트는 만 3세경부터 특별한 환영을 보기 시작했고, 이후에도 계속 환영을 경험했다. 42세가 되던 해에 환영에 등장한 신이 '환영을 다른 사람과 나눌 것'을 명령했고 이에 따라 힐데가르트는 그녀의 대표작《시비아스》를 썼다. '시비아스'는 라틴어로 '주님의 길을 알라sci vias Domini'는 뜻으로 26개의 환영에 관한 기록과 35개의 그림이 실려 있다. 그림에는 신의 뜻을 알려 주는 다양한 상징이 담겨 있어 많은 학자가 이를 연구하고 다양한 풀이를 내놓고 있다.

하지만 힐데가르트는 환영을 보는 것을 두려워해서 고위 성직자가 허락하고 다른 종교인들이 격려했음에도 이를 글로 남기는 것을 주저했다고 한다. 20세기 초 어떤 학자는 힐데가르트의 환영이 편두통에서 비롯된 증상이었을 것이라고 판단하기도 했지만,《시비아스》는 이후 종교적인 범위를 넘어 신비주의, 의학, 미술 치료, 자연 치료, 음악 치료, 명상에 이르기까지 다양한 측면에서 활용되었다.

《시비아스》의 표지 그림. 환영을 통해 신의 뜻을 전달받고, 이를 기록하는 힐데가르트가 그려져 있다.

03

의학 교과서를 쓴
최초의 여성

루이즈 부르주아

Louise Bourgeois, 1563~1636

1601년 9월 27일, 프랑스 왕 앙리 4세의 왕비 마리 드 메디시스가 아이를 낳고 있었다. 만일 남자아이가 태어난다면 무려 80년 만에 프랑스 왕실에 적법한 왕위 계승자가 탄생하는 것이었기에, 왕비가 아이를 낳는 방 앞에는 무려 200여 명의 왕실 가족과 신하가 모여 왕자가 태어나기를 기원했다.◆ 또한 당시에는 아이를 낳다가 산모나 아이가 목숨을 잃는 일이 흔했기 때문에 사람들은 잠시도 마음을 놓을 수 없었다. 왕비의 곁에는 의사와 외과 의사가 있었고, 왕실 소속 산파로서 왕과 왕비의 신임을 받는 루이즈 부르주아가 출산을 돕고 있었다.

　오랜 출산의 고통 끝에 마침내 훗날 루이 13세가 되는 사내아이가 태어났다. 하지만 갓 태어난 왕자는 몹시 약해 보였다. 루이즈 부르주아는

◆　고대 유럽의 살리카 법(Salic law)에 따르면 여성은 왕위를 물려받을 수 없었다.

포도주를 가져오게 한 후 왕에게 말했다.

> "전하, 만일 이 아이가 여염집 아이였다면 저는 기운을 북돋기 위해 약간
> 의 포도주를 제 입에 머금어 아이의 입에 직접 넣어 줄 것입니다."
> 왕은 포도주병을 내밀며 다른 이에게 하는 것처럼 하라고 명령했다. 나는
> 포도주를 한 모금 입에 넣은 후 왕자의 입으로 흘려보냈다. 왕자는 곧 기
> 력을 되찾았다.
>
> — 루이즈 부르주아가 쓴 책에서◆

왕자가 태어난 다음 날 루이즈는 왕과 왕비를 알현했다. 왕은 루이즈
를 칭찬하면서 다른 왕실 가족에게 말했다.

> "나는 이처럼 결단력 있는 사람을 전쟁터를 비롯해 어디에서도 본 적이 없
> 다. 아무도 루이즈만큼 잘할 수 없을 것이다. 나는 지금부터 그녀를 '단호
> 한 사람ma résolue'이라고 부를 것이다."
>
> — 루이즈 부르주아가 쓴 책에서

전문가로서의 역량을 제대로 인정받은 루이즈 부르주아는 앙리 4세가
죽을 때까지 왕실 산파로 지내며 3명의 왕자와 3명의 공주가 태어나는

◆   《불임, 유산, 임신능력, 출산, 그리고 여성 질병과 신생아에 관한 다양한 관찰》, 이와 달리 왕실 의사
는 루이즈가 단지 출산을 돕는 보조 역할만 했다고 기록을 남겼다.

것을 도왔다. 하지만 그녀는 왕실을 떠난 후 더 뛰어난 업적을 남겼다.

전쟁을 겪다
· · ·

루이즈 부르주아는 1563년 파리 교외의 생 제르멩에서 태어났다. 가족에 관해서는 알려진 바가 적지만 부르주아◆라는 성을 보면 상업이나 공업에 종사해서 어느 정도 재산을 모은 중산층이었으리라 짐작한다.

루이즈는 21세가 되던 1584년, 외과 의사인 부르시에와 결혼했다. 부르시에는 군대에서 근무하는 외과 의사로 군대를 따라 여기저기로 옮겨 다녔기 때문에 루이즈는 결혼 후에도 친정 부모님과 함께 살았다. 당시 프랑스에서는 가톨릭과 개신교의 다툼으로 전쟁이 계속되고 있었다. 1589년에는 훗날 앙리 4세가 되는

1594년 3월 22일, 1,500명의 기병을 이끌고 파리로 들어오는 앙리 4세

◆ '성(城) 안에 사는 사람'이라는 뜻으로 훗날 '자본가 계급에 속하는 사람'이라는 뜻으로 쓰인다.

'나바라의 앙리'가 이끄는 개신교 군대가 파리를 포위하기 위해 진격했다. 아버지가 돌아가시고 어머니와 함께 살고 있던 루이즈는 전쟁을 피하고자 가진 것을 몽땅 버리고 파리 시내로 도망쳤다. 갑작스레 전 재산을 잃은 루이즈는 가족의 생계를 유지하기 위해 닥치는 대로 일해야 했다. 1594년, 앙리 4세가 전쟁에서 승리하고 남편도 무사히 집으로 돌아온 뒤에는 생활이 조금씩 안정되었다.

산파가 되다
• • •

오랜 옛날부터 산모가 아이를 낳을 때 돕고, 산모와 아이의 건강을 돌보는 '산파'는 주로 나이가

출산을 돕는 중세의 산파

들고 경험이 많은 여성이었다. 남성 의사는 여성의 신체에 대한 지식이 부족했고, 의학이 발달한 이슬람 문화권에서는 여성이 가족과 남편을 제외한 다른 남성과 접촉할 수 없었기 때문에 자연스럽게 여성의 병은 산파가 돌보게 되었다. 산파는 훨씬 오래전부터 존재했

지만, 교회에서 인정하지 않는 약과 치료 방법을 사용하고 때로는 교회의 규칙을 따르지 않아서 종종 마녀로 몰려 처형되기도 했다.

출산은 고통스럽고 위험한 일이었다. 당시 프랑스에서는 임산부 10명 중 한 명은 아이를 낳다가 목숨을 잃었는데, 이러한 위험을 줄이려면 산파에게도 높은 수준의 의학 지식과 경험이 필요했다. 16세기부터 유럽의 각 도시는 산파 자격시험을 도입해서 시험을 통과한 사람에게만 면허증을 주어 산파의 질을 높이기도 했다.

루이즈는 유명한 외과 의사 앙부르아즈 파레가 남긴 책으로 공부하면서 가난한 사람들이 아이를 낳는 것을 도우다가 1598년 산파 자격시험에 도전했다. 자격시험의 심사 위원은 의사 1명, 외과 의사 2명, 산파 2명으로 구성되어 있었다. 심사 위원으로 참가했던 산파는 루이즈의 남편이 외과 의사이기 때문에 혹시라도 산파와 의사가 다툴 때 루이즈가 의사의 편을 들 것으로 생각해서 루이즈를 떨어뜨리려 했다. 하지만 부르주아는 결국 시험을 통과해 면허를 받아 정식 산파로 활동하기 시작했고, 3년 후에는 프랑스 왕실의 산파가 되었다.

의사, 외과 의사, 산파의 관계

· · ·

산파가 루이즈의 시험 통과에 반대한 이유는 당시 의사와 외과 의사, 산파의 이해관계가 달랐기 때문이다. 사회적으로 가장 지위가 높고 귀족이나 부유층 환자를 주로 돌본 것은 대학에서 의학을 공부한 의사였다. 산파는 여성을 돌보는 것을 전문 영역으로 삼았다. 외과 의사는 칼로 질병 부위를 도려내거나 피를 뽑는 치료를 주로 했기 때문에 13세기 이전까지는 의사가 아니라 손을 써서 일하는 장인으로 취급받았다.◆

외과 의사는 대학에서 의학을 공부한 것이 아니라 다른 외과 의사의 도제로 들어가 기술을 배우고 이발사도 겸했기 때문에 '이발사-외과 의사'라고도 불렸다.

13세기 말 이후 외과 의사는 이발사에서 떨어져 나와 16~17세기 무렵이 되면 서서히 전문적인 의사로 자리 잡았다. 환자를 두고 의사와 경쟁하던 외과 의사는 여성 환자에게 눈을 돌려 출산을 돕고 여성의 질병을 치료하기 시작했다. 산파들은 자신의 환자를 빼앗아 가는 외과 의사를 못마땅하게 생각했다. 이처럼 의사, 외과 의사, 산파는 환자를 두고

◆ 외과 의사를 뜻하는 영단어 surgeon은 중세 chirurgeon에서 나온 단어인데, '손을 사용해서 일하는 사람'이라는 뜻이다.

치열한 경쟁을 벌였다. 이런 경쟁 때문에 루이즈의 시험에서 심사 위원이었던 산파는 외과 의사를 남편으로 둔 루이즈가 면허를 따는 것을 싫어했다.

출산의 중요성

. . .

16세기는 중세 봉건제가 무너지고 점차 왕의 권한이 강해지던 시기였다. 공업과 상업으로 재산을 모은 중산층이 등장하고 귀족이 아니더라도 법률이나 회계 등 각 분야의 전문가들이 국가 운영에 참여해서 각종 제도를 만들었다. 이들은 재산을 자식에게 온전히 물려주어 대대로 부와 권력을 누리고 싶어 했다. 이를 위해서는 법으로 정당한 상속자를 정하는 것이 매우 중요했기 때문에 법률과 규정을 만들어 출산을 국가가 직접 관리하도록 했다. 1556년에는 임신 사실을 숨긴 사람에게 벌을 주었으며, 아이가 태어날 때는 자격을 갖춘 증인이 출생 사실을 증명해야

마리 드 메디시스와 그녀의 어린 아들(루이 13세)

했다.

왕실에서의 출산은 더욱 중요했다. 왕위를 누가 이을 것인지 명확히 정해지지 않은 상태로 왕이 죽으면 여러 사람이 서로 자기가 왕이 되겠다고 다퉈서 나라가 혼란에 빠지고 전쟁이 벌어지는 일이 흔했기 때문이다. 그래서 왕비가 아이를 낳을 때면 전 국민이 관심을 가졌다. 앙리 4세의 뒤를 이어 프랑스의 왕 루이 13세가 되는 왕세자 탄생에 공을 세운 루이즈의 지위는 탄탄해졌고, 의사들도 그녀의 자격을 인정하게 되었다.

여성 최초로 의학 교과서를 쓰다

• • •

왕과 왕비의 신임을 얻은 루이즈는 돈과 명예를 얻었다. 루이즈는 왕자와 공주가 태어날 때마다 왕비를 보살폈고, 왕비가 무사히 출산을 마치면 후한 사례를 받았다. 왕비를 돌보지 않을 때는 왕실의 다른 부인이나 자기가 살던 지역의 임산부를 돌보았다. 1609년까지 2천여 명의 출산을 도운 루이즈는 자기 경험과 지식을 모아 《불임, 유산, 임신능력, 출산, 그리고 여성 질병과 신생아에 관한 다양한 관찰》이라는 긴 제목의 책을 펴냈다. 루이즈가 당시 의학 이론을 기반으로 해서 자신의 풍부한 경험을 더해 쓴 이 책은 유럽 여러 나라의 언어로 번역되어 퍼져나갔고 수십 년 동안 산파들이 꼭 공부해야 하는 교과서가 되었다. 이 책에는 위험한 출산에 대비하는 법, 산모가 피를 많이 흘릴 때 대처법, 쌍둥이를 받는 법, 죽어가는 산모의 아이를 받는 법 등과 아이를 낳을 때 편안한 환경을 유지하는 법, 출산 후에 산모와 아이를 돌보는 법 등이 담겨 있었다. 루이즈는 책을 출간한 후에도 꾸준히 내용을 추가했다.

책을 처음 펴낸 다음 해인 1610년, 앙리 4세가 가톨릭 광신도에게 암살당하는 사건이 벌어졌다. 왕이 죽고 난 다음 루이즈는 왕실 산파 자리에

루이즈 부르주아의 책 《불임, 폐경, 생식능력, … 다양한 관찰》

서 물러났지만, 그 후에도 계속 왕실 가족과 다른 부인들의 산파로 활약했다.

왕녀의 죽음은 누구의 책임인가

● ● ●

1627년 루이즈는 국왕 루이 13세의 동생인 오를레앙 공작의 부인이 아이를 낳는 것을 도왔다. 그런데 공작부인이 출산 후 일주일 만에 세상을 떠났다. 공작부인이 죽은 원인을 알아보기 위해 사체를 부검했고, 아이를 낳을 때 태반◆이 완벽하게 제거되지 않은 채 몸속에 남아 염증을 일으켜서 공작부인이 사망했다는 부검 결과가 보고서로 발표되었다. 출산 시 태반 제거는 산파가 하는 일이었기 때문에 부검 보고서대로라면 공작부인의 죽음은 루이즈의 잘못이었다.

결과가 발표되고 3일 후 루이즈는 부검 보고서를 한 줄 한 줄 반박해서 자신의 실수가 아니라는 점을 밝혔다. 루이즈는 공작부인이 아이를 낳기 전부터 열이 있었고 기침하며 복통을 호소했는데, 의사가 이를 제대로 치료하지 못했다는 점을 지적했다. 또한 태반 조각이 붙어있던 곳과 염증이 심한 부위는 서로 반대편이기 때문에 태반이 염증의 원인이 아니라고 주장했다. 루이즈는 "남성 의사들은 여성 신체의 특성에 관해 잘 모른다", "결혼도 하지 않고 출산을 목격하거나 도운 경험도 없는 의사들이 단지 책에서 배운 것만 가지고 산파를 가르치려 한다", "여성의 질병을 알기 위해서는 존경하는 히포크라테스가 그랬던 것처럼 경험이 풍부한 산파에게 도움을 청하고 협력하라"라고 목소리를 높였다. 그리고 파리의 다른 의사와 전문가들에게 자신의 주장을 평가해 달라고 정당하게 요구했다. 하지만 공개적으로 루이즈의 주장을 지지한 의사는 없었다. 게다가 부검 보고서를 냈던 의사는 루이즈의 반론이 나오고 얼마 되지 않아 다시 루이즈를 공격했다. 그는 루이즈의 주장이 의학적으로 올바른지를 따지기보다는 그녀의 능력과 전문성이 부족하다며 비난

◆　임신 중에 모체의 영양분을 태아에게 전달하고 태아의 노폐물을 배출하는 기관이다. 출산 시에 산모의 몸 밖으로 빠져나오는데, 때로 몸 안에 남아 염증을 일으키기도 한다.

을 가했다.

이후 공작부인 죽음의 원인과 책임을 따지는 일은 흐지부지되었는데 현재의 의학 지식도 공작부인의 죽음은 루이즈의 잘못이 아니라고 판단한다. 여성 산파가 남성 의사의 전문적인 보고서에 공개적으로 글을 써 반대 의견을 표한 것은 당시로는 놀라운 사건이었다. 물론 이는 루이즈가 왕실의 지원을 받는 산파였기 때문에 그나마 가능했을 것이다. 이 사건 이후 루이즈는 다시는 왕실 귀부인들의 산파로 활동하지 못했지만, 중산층과 가난한 사람들의 출산을 도우면서 여생을 보냈다.

용감한 여성 루이즈 부르주아

· · ·

루이즈는 그 후로도 계속 산파로 활동하다가 1636년 75세의 나이로 세상을 떠났다. 그녀는 생전에 약 2천 5백여 명의 아이를 받았다고 전해진다. 루이즈는 여성의 사회적 위치가 보잘것없던 시대에 유명한 의사들과 어깨를 나란히 하고 의학 지식을 바탕으로 토론했다. 또한 다른 의학 책들이 라틴어로 쓰여진 것과 달리 루이즈는 프랑스어로 책을 써서 의사가 아닌 사람도 중요한 의학 지식을 얻을 수 있도록 했다. 그뿐만 아니라 루이즈는 여성이 아이를 낳을 때 겪는 고통은 '원죄◆' 때문이라는 종교

◆ 성경에 따르면 에덴동산에서 뱀의 유혹에 빠져 선악과를 먹은 아담과 이브가 지은 죄로 누구나 태어나면서부터 가지고 있다.

루이즈 부르주아

적 믿음을 멀리하고, 산모의 고통을 줄이고 안전하게 아이를 낳을 방법을 찾으려 노력했다. 그녀의 이런 노력은 수많은 임산부와 아이의 생명을 구했으며, 여성 질환을 과학적으로 연구하는 기초가 되었다.

산파

산파(오늘날 조산사)는 아이를 낳는 것을 돕고 산모와 신생아의 보건과 양호를 담당하는 사람이다. 수천 년 전부터 전 세계 어디에나 출산을 돕는 사람이 있었으며, 주로 그 마을이나 사회의 나이 든 여성이 산파 역할을 맡았다.

근대 이전까지 남성 의사들은 여성의 신체와 출산 과정에 대해 잘 알지 못했으며, 문화권에 따라 여성 환자를 직접 치료하지 못했기 때문에 산파는 여성의 건강을 살피는 의사 역할을 겸했다. 19세기 이후 의학이 발전하며 산파들이 본격적인 의학 교육을 받기 시작했고, 20세기 후반에는 고도로 훈련받은 의료 전문가로 인정받게 되었다.

우리나라에서는 1907년 의사, 약제사, 간호사와 더불어 전문적인 산파를 양성하기 시작했다. 1952년 의료법을 바꿔 산파 대신 '조산원', 1987년에 다시 '조산사'로 이름을 바꾸었다. 조산사로 일하기 위해서는 국가에서 정한 시험을 통과해서 면허를 받아야 한다.

04

이탈리아가 자랑하는 천재,
최초의 여성 대학교수가 되다

라우라 바시

Laura Bassi, 1711~1778

1732년 4월 17일, 이탈리아 볼로냐의 시청 앞이 수많은 사람으로 북적거렸다. 이 중에는 정치가, 귀족, 고위 성직자, 프랑스 국왕의 대리인 등 누구나 알 만한 유명인도 있었다. 얼마 지나지 않아 볼로냐를 대표하는 행정장관의 화려한 마차가 시청 앞에 도착했다. 멋진 드레스를 입은 20세의 젊은 여성 라우라 바시가 마차에서 내렸고, 두 명의 귀족 부인의 수행을 받으며 대강당으로 들어갔다.

　온 도시를 떠들썩하게 만든 이 행사는 놀랍게도 라우라 바시의 박사 학위 자격시험이었다. 라우라는 7명의 시험관 앞에서 논리학, 철학, 신

라우라의 박사 학위 자격시험을 그린 그림

라우라의 학위 수여가 이루어졌던 푸블리코 궁전

학, 물리학 등 49개 주제에 관한 질문에 답을 했다. 시험을 무사히 마친 뒤에는 자리를 옮겨 볼로냐 대학 총장으로부터 박사 학위를 받았다. 그녀는 은으로 만든 월계관을 비롯한 많은 선물을 받고 다시 마차를 타고 볼로냐 시내를 통과해 집으로 돌아갔다. 그 뒤를 여러 대의 마차가 따라 행진했다. 그다음 날에는 라우라의 학위 취득을 축하하는 파티가 열렸고, 볼로냐의 시민들은 라우라의 학위 취득 소식을 널리 전했다. 그해 5월에는 공식적인 학위 수여 행사가 열렸으며 그녀를 기리는 시집도 3권이나 출판되었다. 6월에는 라우라가 볼로냐 대학의 강사 자격을 받기 위한 공개 심사가 열렸고 이 자리에도 정부의 고위 관리,

라우라의 박사 학위 기념 메달. 앞면(좌측)에는 월계관을 쓴 라우라의 초상이, 뒷면(우측)에는 과학을 상징하는 램프를 책을 든 여성에게 넘겨주는 지혜의 여신 미네르바와, 지구본 위 지혜의 상징인 부엉이가 새겨져 있다.

대학 학장과 원로 교수, 추기경 등이 참석했다. 라우라는 추가로 12개의 질문에 대한 답을 하고 자격 심사를 통과했다. 마침내 10월 29일 볼로냐 대학은 라우라 바시를 '강사Lecturer'로 임명했다. 라우라의 박사 학위를 기념한 메달과 자그마한 동상도 만들어졌다. 그녀의 이름은 볼로냐를 넘어 이탈리아와 전 유럽에 알려졌다.

어려서부터 재능을 보인 천재

• • •

  라우라 바시는 1711년 이탈리아의 교황령◆ 소속 도시 국가인 볼로냐에서 변호사의 딸로 태어났다. 어릴 때는 가정교사로부터 라틴어, 프랑스어, 수학 등을 배웠으며 13세가 되어서는 가족의 주치의이자 볼로냐 대학의 의학 교수인 가에타노 타코니를 스승으로 삼아 철학, 논리학, 자연과학을 공부했다. 라우라의 뛰어난 재능을 알아본 타코니는 라우라의 집으로 볼로냐의 유력한 귀족과 학자, 성직자를 초청해서 라우라의 명석함을 직접 경험하게 했다. 라우라와 토론을 즐긴 이들 중에는 볼로냐 학술원 회원들과 훗날 교황이 되는 볼로냐의 대주교 에가노 람베르티니 추기경도 있었다.

◆　교황이 직접 다스리던 영토. 18세기 무렵 교황은 이탈리아 중부와 북부에 넓은 영토를 가지고 있었다.

화려한 행사의 목적

• • •

일반적으로 박사 학위 자격시험은 학교 내에서 교수와 대학 관계자
몇 명이 모여서 조용히 치렀다. 볼로냐시가 라우라를 위해 이처럼 화려
한 행사를 연 이유는 따로 있었다.

중세 시대 볼로냐는 교황령 중 로마 다음으로 큰 도시로 번성했고,
1088년 세워진 볼로냐 대학은 유럽 학문의 중심지였다. 대학 덕분에 볼
로냐시는 '현자들의 도시 볼로냐'라는 별명도 있었다. 하지만 17세기에
들어서면서부터 다른 도시와 대학이 성장하며 볼로냐는 옛날의 명성을
잃어갔다. 도시와 대학의 명성을 되살리고 싶었던 볼로냐는 이름을 떨

칠 새로운 스타가 필요
했다. 그래서 볼로냐는
당시 학계에 드물었던
젊은 여성을 주인공으
로 하는 화려한 행사를
열었다. 결과적으로 라
우라 바시는 떠오르는

18세기 볼로냐 대학 과학연구소

샛별이 되었고, 라우라가 명성을 얻는 만큼 볼로냐와 볼로냐 대학의 이
름도 높아졌다.

만들어진 스타

• • •

라우라보다 학계에서 먼저 두각을 보인 여성도 있었다. 하지만 당시
사람들은 여성이 남성보다 지적 능력이 뒤진다고 믿었다. 학문에 뛰어
난 여성은 아주 예외적인 경우로 취급했고, 공식 행사나 기념식에서 자
리를 빛내다가 결혼 후에는 자연스럽게 잊히는 일종의 장식품 정도로
여겼다. 그래서 그들에게는 특별한 권리도 의무도 없는 명예직이 주어
지고는 했다.

라우라나 앞선 여성 학자들이 얻은 대학 강사 자리는 정식 강의를 열
지 못하고, 해마다 한 번 학교나 시에서 요청할 때 공개 강의를 하는 것

이 전부였다. 학교에서는 이들에게 특별한 강의나 연구 성과를 기대하지 않았다.

학술원에도 명예 회원으로 가입되었는데, 명예 회원은 학술원의 신입 회원이나 회장을 뽑는 투표권도 없어서 중요한 결정에는 참여하지 못했다. 라우라 또한 볼로냐 학술원의 명예 회원이었다. 라우라는 이 한계를 뛰어넘기 위한 노력을 계속했다.

한계를 뛰어넘기 위한 적극적인 활동
· · ·

라우라는 자신의 위치에 만족하지 않았다. 그녀는 쉬지 않고 시의회와 대학에 강의를 열도록 허락해 달라는 청원을 계속했다. 라우라는 자기 집에서라도 강의를 듣고 싶어 하는 학생이 있다면 모아서 가르칠 수 있도록 대학에 허락을 얻어 개인 강의를 열었고, 훗날 정식 교수가 될 때까지 30년간이나 계속했다.

라우라는 1738년 볼로냐 대학 동료 강사인 주세페 베라티와 결혼했는데, 물리학자였던 남편과 함께 집에 실험실을 차렸다. 라우라는 결혼한 여성 학자가 전문가로서 활동하기 어렵다는 편견을 뛰어넘고, 강의와 연구를 하는 학자의 삶과 개인의 삶을 조화롭게 꾸려 여러 명의 아이도 잘 키워냈다.◆ 또한 라우라는 많은 학회 모임과 토론회에 참석하고, 그녀의 명성을 듣고 전 유럽에서 모여든 학자와 예술가 등 유명인들을 대하며 볼로냐의 상징 역할도 훌륭히 해냈다.

라우라의 강의와 연구

• • •

라우라는 1732년부터 볼로냐
대학에서 해부학과 철학 강의를
맡았다. 앞서 이야기한 것처럼 정
기적으로 가르치는 자리는 아니
었지만, 1734년부터는 공개된 자
리에서 인체를 해부하는 공개 시

볼로냐 대학 해부학 강의실

연에도 참여했다. 당시 해부 시연은 학생뿐 아니라 일반인도 관람하려
고 몰려드는 매우 중요한 행사였다.

그 외에도 영국에서 새롭게 떠오른 뉴턴의 물리학을 이탈리아에 도입
했고, 광학에 관심이 많아 직접 여러 실험을 했다. 전자기학 연구에서도
뛰어난 성과를 거두어 전지battery를 최초로 개발한 알렉산드로 볼타, 개
구리 다리 근육신경에 전기를 흘리면 경련이 일어난다는 것을 발견한
루이지 갈바니 같은 학자들과 어깨를 나란히 했다.

◆   라우라 바시는 9명의 자녀를 두었고 그중 5명이 살아남아 장성했다고 한다.

교황 학자, 베네딕티니가 되다

• • •

일찍부터 라우라의 재능을 알고 있던 람베르티니 추기경은 1740년 교황의 자리에 올라 베네딕토 14세가 되었다. 학문과 과학 발전에 큰 관심을 가졌던 베네딕토 14세는 교황령 소속 국가에서 과학 분야를 새롭게 개혁하는 데 힘을 기울였다. 또한 바티칸 도서관 장서를 늘리고, 로마 대학교를 발전시키고, 새로 박물관을 만드는 등 문화 발전에도 많은 업적을 남겼다. 볼로냐는 교황 베네딕토 14세의 고향이기도 했기 때문에 볼로냐 대학과 학술원은 교황의 큰 힘을 얻을 수 있었다.

1745년 교황은 '베네딕티니'라는 교황 학자를 새롭게 임명했다. 총 25명으로 구성된 교황 학자는 전 학문 분야에서 가장 뛰어난 사람을 선정해서 교황이 임명하는 명예로운 자리였다. 원래는 24명으로 시작했지

베네딕토 14세

만 라우라는 교황청에 가 있는 볼로냐 대사를 통해 교황에게 자기를 교황 학자로 추가해 달라고 부탁했다. 다른 남성 학자들의 보이지 않는 반대가 있었지만, 오래 전부터 라우라의 역량을 알고 있었고 평생 라우라의 학문 활동을 후원했던 교황은 흔쾌히 라우라를 25번째이자 유일한 여성 교황 학

자로 임명했다.

교황 학자가 된 라우라는 모임과 회의에 적극적으로 참석하면서 자신의 의무를 다했다. 하지만 다른 교황 학자들은 라우라를 자신과 동등하게 여기지 않았다. 당시 유럽의 도로는 지금과 같지 않아서 날씨가 험하면 다니기 힘들었고, 이로 인해 회의가 먼 곳에서 열리면 라우라가 참석을 못하는 일도 생겼다. 교황 학자들은 라우라가 참석하지 못한 회의에서 중요한 사항을 결정하고는 했다. 그들은 라우라를 존중하기는 했지만 결혼한 여성이 남성들의 중요한 논쟁과 결정에 끼어드는 것을 불편하게 생각했다. 하지만 라우라는 이에 굴하지 않았고 자신의 의무를 다했다.

정식 교수가 되다
• • •

1776년 볼로냐 대학은 물리학 분야를 실험물리학◆과 수리물리학◆◆으로 나누어 각각을 전공하는 교수(당시 대학 각 분야에서 가장 높은 지위)를 뽑기로 했다. 라우라 바시는 실험물리학 교수, 남편 베라티는 수리물리학 교수 자리에 지원했다. 대학 당국은 부부를 모두 교수로 임명하면 다른 사람들이 불만을 품을까 걱정해서 라우라 바시를 실험물리학 교

◆　　주로 실험을 통하여 물리 현상을 연구하는 물리학의 한 분야
◆◆　물리의 이론적 구조 체계를 수학적 해석에 중점을 두고 연구하는 물리학의 한 분야

라우라는 여러 학계의 회원 자격, 그녀에게 헌정된 과학 논문(오른쪽 아래, 1786년 개의 인공 수정에 성공한 라차로 스팔란차니의 헌정 논문), 그녀에 대해 쓴 시집(왼쪽 아래)을 포함하여 평생 많은 영예를 받았다. (볼로냐 의과 대학)

수로 임명하고 베라티는 라우라의 보조 교수로 임명했다. 드디어 라우라는 그동안 여성 강사로 가졌던 제약에서 벗어나 정규 강의를 열 수 있게 되었다. 30년간 쉬지 않고 집에서 개인 강의를 열고, 개인 실험실에서 꾸준히 연구를 계속한 결과 마침내 자신의 역량을 대학에서도 인정받은 것이다.

라우라가 남긴 것

• • •

1778년 2월, 대학 교수가 된 지 2년 만에 라우라는 심장마비로 갑작스레 세상을 떠났다. 볼로냐 성당에서 성대한 장례식이 거행되었고, 많은 동료 학자들이 그녀를 추도했다. 하지만 유감스럽게도 라우라의 학문적 업적은 그녀가 세상을 떠난 후 오래 기억되지 않았다. 라우라 이후로도 오랫동안 여성이 대학에 자리를 잡는 것은 쉽지 않았다.

볼로냐와 볼로냐 대학은 라우라를 자신들의 권위를 세우는 데 이용했지만, 라우라는 이를 현명하게 활용했다. 필요할 때는 유력한 지원자의 도움을 받고 명성의 힘을 얻기도 했다. 하지만 라우라가 최초의 여성 대학교수가

라우라 바시의 무덤이 있는 볼로냐 코퍼스 도미니 성당

될 수 있었던 것은 결국 수십 년 동안 꾸준히 강의와 연구 활동에 기울인 그녀의 노력 덕분이다.

라우라에 대한 평가의 변화

• • •

라우라 바시에 대한 훗날의 평가도 조금씩 달라졌다. 19세기에는 라우라를 대학교수이면서도 모범적인 부인이자 어머니의 역할을 다한 '기독교에서 바라보는 이상적인 여성'으로 그렸다. 20세기 초 이탈리아를

라우라 바시

휩쓴 파시스트♦ 광풍 속에서 이런 이상적인 여성상은 더욱 강조되었다. 그러나 20세기 후반 이후에는 라우라 바시가 남성 동료와 같은 권한과 의무를 요구하여 얻어낸 용기와 결단력을 지닌 인물로 그려진다. 라우라 바시는 여성이 나아가는 새로운 길을 보여준 뛰어난 학자이다.

◆　제1차 세계 대전 후에 이탈리아에서 나타난 사상. 국가를 우선하며 권위주의적이고 외부를 배척하는 정치 이념

베아트리스 갈린도, 다섯 여왕◆의 가정교사

베아트리스 갈린도는 라우라 바시보다 300여 년 먼저 르네상스 시기 활발히 활약했던 여성 학자이다. 스페인 살라망카의 귀족 집안에서 태어난 베아트리스는 15세 때 이미 라틴어로 쓰인 고전 서적을 능숙하게 읽고 번역했는데, 라틴어 실력이 뛰어나 '라 라티나(La Latina)'라는 별명도 있었다.

베아트리스 갈린도

1486년에는 스페인 중부에 있던 카스티야 왕국의 이사벨 1세 여왕에게 불려가 여왕과 여왕 자녀의 가정교사가 되었다. 그에게 배운 네 명의 공주들은 포르투갈, 영국, 합스부르크 군주국의 왕비가 되었기에 베아트리스는 모두 다섯 여왕을 가르친 셈이다.

라틴어로 글을 쓰고, 아리스토텔레스의 저술에 주석을 남기는 등 학문 연구를 활발하게 이어가던 베아트리스는 1506년에 마드리드에 '성십자가 병원'을 세웠고 이 병원은 오늘날에도 남아있다. 살라망카에는 이름을 딴 학교가 운영되고 있으며 동상도 세워져 있다.

◆   영어로 여왕과 왕비 모두 'queen'이기에 구분하지 않고 '여왕'으로 칭했다.

05

최초의
프로그래머

에이다 러브레이스

Ada Lovelace, 1815~1852

영국의 수학자이자 발명가인 찰스 배비지는 런던의 큰 저택에서 수백 명을 초대해서 성대한 파티를 자주 열었다. 배비지는 뛰어난 지식과 재능을 가진 상류 계급의 유명인만 초대했기 때문에 그가 여는 파티에 손님으로 가는 것만으로도 자랑거리였다. 파티에는 진화론으로 세상을 뒤흔든 찰스 다윈, 훗날 전자기학의 아버지라고 불리는 물리학자이자 화학자인 마이클 패러데이, 유명한 시인이었던 앨프리드 테니슨 등 당시 영국의 내로라하는 사람들이 참석해 다양한 주제로 토론했다. 17세의 에이다 러브레이스는 1833년 6월 5일 이 파티에 참석했고, 그녀의 가정교사이자 수학자인 메리 서머빌의 소개로 배비지와 인사를 나눴다.

　배비지는 얼마 후 에이다를 다시 초대해서 자신이 만들고 있는 '차분기관'을 보여주었다. 차분기관은 복잡한 계산을 자동으로 할 수 있는 계산 기계로, 배비지는 자기 집에 일부분을 보관하고 있었다. 에이다는 차분기관에 금방 빠져들었다. 그 자리에 함께 있었던 소피아 드모르간◆은 훗날 이렇게 회상했다.

> "다른 사람들은 별다른 반응 없이 기계가 작동하는 모습을 바라보았고, 나
> 는 미개인이 거울을 처음 보았거나 총소리를 들었을 때 보이는 놀라움을
> 표시했지만, 에이다는 금방 그 작동 원리를 이해하고 이 발명품의 위대한
> 아름다움을 간파했다."

이때부터 에이다는 훗날 '컴퓨터'라는 이름으로 우리 앞에 등장할, 새로운 기계에 몰두하기 시작했다. 배비지는 에이다에게 차분기관의 설계도를 빌려주었고 몇 년 동안 차분기관 개발에 관한 의견을 나누었다. 두 사람은 평생 친한 친구이자 동료로 지냈다. 배비지의 새로운 발명품을 연구하며 에이다는 수학적 능력을 발휘했고, 이는 그녀가 '최초의 프로그래머'라는 칭호를 얻게 해 주었다.

배비지가 만든 차분기관의 복제품, 런던 과학박물관 소장

◆ '드모르간의 법칙'으로 유명한 수학자 오거스터스 드모르간의 부인

천재 시인의 딸, 수학을 공부하다

• • •

에이다 러브레이스는 1815년 영국 런던에서 태어났다. 아버지 조지
고든 바이런은 영국의 귀족이자 유명한 시인이었으며, 어머니 애나벨라
이자벨라 밀뱅크도 부유한 귀족이었다. 그런데 바이런은 사생활이 방탕
하기로 유명했고, 결혼 후에도 나쁜 버릇이 고쳐지지 않아 두 사람은 결
혼 1년 만에 헤어졌다. 에이다가 태어난 지 몇 주 만이었다. 바이런은 그
후 영국을 떠나서 다시 돌아오지 않았기에 에이다는 한 번도 아버지를
보지 못했다. 어머니 애나벨라는 에이다와 함께 자신의 고향으로 돌아
갔고 에이다는 외할머니의 보살핌을 받으며 자랐다.

어린 에이다는 다른 귀족 가문의 자녀들처럼 가정교사로부터 역사,
문학, 지리, 음악, 과학, 춤, 승마 등을 배웠는데 특히 승마를 좋아하고 실
력도 뛰어났다. 에이다의 어머니는 에이다가 아버지 바이런의 나쁜 성
격을 닮을 것을 걱정해서 그녀가 시
나 소설 같은 문학에 재미를 붙이지
못하도록 했다. 수학과 과학 실력이
뛰어나 '평행사변형의 공주'라는 별
명으로 불리기도 했던 애나벨라는
에이다에게 감성보다는 이성을 중
요시하는 수학과 과학을 가르쳤다.
메리 서머빌, 드모르간 같은 뛰어난

로켓 목걸이에 담겨 아버지에게 보내진 에이다의
어린 시절 그림

과학자와 수학자가 에이다의 선생님이었다. 19세기는 유럽에서 수학이 본격적으로 발전하고 영국에는 새로운 수학 이론들이 막 소개되기 시작한 때였다. 당시에는 아직 귀족 가문의 남성들도 제대로 된 수학 교육을 받지 못했다. 에이다처럼 여성이 수준 높은 수학 교육을 받은 것은 매우 드문 일이었다.

10대가 된 에이다는 '하늘을 나는 것'에 흥미를 느꼈다. 에이다는 새가 어떻게 날 수 있는지 알기 위해 새의 생리학을 공부했고, 더 나아가 천문학과 수학의 재미에 빠져들었다. 그녀를 가르친 선생님들은 에이다가 숫자를 통해 사물의 본질을 탐구하는 자질을 가졌다고 평가했다. 어린 에이다는 몸이 자주 아파서 침대에 누워 보내는 시간이 많았는데 13세에는 홍역을 앓고 마비 증세를 겪기도 했다. 다행히 16세 무렵부터는 점차 건강을 회복해서 좋아하는 승마를 하고 음악을 공부하면서 삶의 활기를 되찾았다.

에이다의 아버지, 조지 바이런

'바이런 경 Sir Byron'이라는 이름으로 널리 알려진 조지 바이런은 영국을 대표하는 낭만주의 시인이다. 자신의 여행 경험을 토대로 1812년 〈차일드 해럴드의 순례〉라는 장편 시를 발표해서 영국 문학계의 스타가 되었다. 하지만 방탕한 생활로 악명이 높았으며, 영국을 떠나 유럽 전역을 떠돌며 생활하다가 36세의 젊은 나이에 세상을 떠났다. 그가 쓴 〈돈 주앙〉이라는 서사시는 영국 문학에서 손에 꼽히는 걸작이다.

찰스 배비지의 새 발명품, 해석기관

. . .

　배비지와의 만남 이후 꾸준히 차분기관을 공부하던 에이다는 1935년 윌리엄 킹이라는 귀족과 결혼했다. 1938년 남편 윌리엄 킹이 러브레이스 백작이 되면서 그녀는 러브레이스 백작부인이라는 공식 호칭을 받았다. 에이다는 아들 둘과 딸 하나를 출산하며 아이를 키우는 일로 공부에서 잠시 멀어졌지만, 1941년 25세가 되던 해부터 다시 학문에 전념하고 배비지와도 본격적으로 협력하기 시작했다.

　배비지가 처음 만든 차분기관은 정해진 문제만 풀 수 있는 계산 기계였다. 배비지는 이후 여러 복잡한 문제를 풀 수 있는, 일종의 컴퓨터인 '해석기관' 개발을 시작했다. 해석기관은 문제를 푸는 방식과 순서를 정하면 그에 따라 답을 계산했다. 해석기관에 명령을 내리는 데에는 두꺼운 종이에 구멍이 뚫려 있는 '펀치카드'를 활용했다. 펀치카드는 당시 화려한 옷감을 자동으로 짤 때 이용하는 것이었다. 펀치카드를 작은 막대로 밀면 구멍이 뚫린 부분은 막대가 통과하고 구멍이 뚫리지 않은 부분은 막대가 통과하지 못했다. 어떤 막대가 구멍을 통과해서 나오느냐에 따라 해석기관은 정해진 대로 계산했다. 이 펀치카드를 필요한 순서대로 배열해 두면 해석기관은 그 순서에 따라 복잡한 계산을 자동으로 했다.

　펀치카드는 여러 종류가 있었다. '동작 카드'는 어떤 계산을 할지 지정했고, '숫자 카드'는 계산에 사용할 숫자와 계산 결과를 기록했고, '변수

카드'는 숫자 카드를 어디서 불러올지 지정했으며, '조합 카드'는 어떤 일을 정해진 횟수만큼 반복하도록 했다. 복잡한 계산을 위해 카드를 만들고, 순서를 정하고, 조합하는 것이 지금의 컴퓨터 프로그래밍과 유사하다.

또한 해석기관에는 계산 결과를 바로 인쇄하는, 지금의 프린터와 같은 기능도 있었다. 배비지는 해석기관 개발에 필요한 돈을 지원해 달라고 영국 정부에 요청했다. 하지만 영국 정부는 자금을 지원하지 않았고, 배비지는 해석기관을 만들기 위한 연구와 실험을 계속했지만 해석기관은 결국 세상에 모습을 선보이지 못했다.

해석기관을 연구한 에이다

• • •

1940년 이탈리아를 방문한 배비지는 수학자와 공학자들 앞에서 자신의 해석기관을 설명했다. 이 자리에 참석했던 이탈리아의 수학자 루이지 메나브레아는 배비지의 발표 내용을 정리해서 프랑스어로 쓴 논문을 발표했다. 에이다는 이 글을 영어로 번역하면서 자기 생각과 설명을 덧붙인 주석을 달았다. 종 7개 항목으로 이루어진 에이다의 주석은 원래 논문보다 2배나 길었다. 에이다는 천을 짜는 기계처럼 수학적인 패턴을 짜내고, 상황에 따라 다른 계산을 하는 해석기관의 특징을 강조했다. 또한 해석기관이 사람이 원하는 순서대로 작업하기 때문에 어떤 계산이든 해낼 수 있다는 가능성을 강조했다. 게다가 개별 음의 높이와 화음의 관계를 수학적으로 풀어낼 수 있다면 기계를 이용해서 정교한 음악도 작곡할 수 있다는 의견도 밝혔다. 이는 20세기 초반 본격적으로 개발된 컴퓨터의 기능과 흡사했다. 에이다는 해석기관으로 베르누이 수◆를 계산하는 법을 단계별로 나눠 자세히 설명한 해석을 추가했는데, 이는 현대의 컴퓨터 프로그램과 비슷하다.

에이다는 루이지의 논문을 영어로 번역하고 자신의 해석을 덧붙인 글을 1843년 출판했다. 배비지는 책의 서문으로 개발 비용을 지원하지 않는 영국 정부를 비난하는 내용을 추가하자고 했지만 에이다는 배비지의

◆   스위스의 수학자 야코브 베르누이가 발견한 실수의 열(수열)로 다양한 공식에 활용된다.

에이다가 쓴 베르누이 수 계산을 위한 다이어그램, 처음 발표된
컴퓨터 알고리즘

글이 논란을 불러일으킬 것으로 생각해서 해당 내용을 추가하지 않았다. 이 때문에 두 사람은 잠시 사이가 멀어지기도 했지만 얼마 지나지 않아 화해했다. 에이다는 해석기관 개발에 필요한 돈을 모으고자 여러 노력을 했지만 끝내 성공하지는 못했다.

약물과 도박의 늪에 빠진 에이다

• • •

에이다는 자신의 수학적 재능을 당시 유행한 경마 도박에 이용했다. 에이다는 여러 자료와 변수를 수학적으로 계산하면 우승할 말을 미리 골라낼 수 있다고 믿어서 경마 도박에 막대한 돈을 걸었다. 그녀는 오늘날 가치로 수억 원에 달하는 돈을 경마에 탕진했고 많은 빚을 졌다. 하지만 에이다는 경마 도박을 그만두지 못하고 계속 막대한 빚에 시달렸다. 또한 건강이 조금씩 나빠지면서 계속 진통제를 먹은 에이다는 약에 들어있던 마약 성분에 중독되어 우울증에 빠지는 등 약물 중독 증상도 보였다.

에이다의 죽음과 재평가

• • •

35세가 된 에이다의 건강은 급격하게 나빠졌다. 원인은 암이었다. 에이다는 결국 1852년, 공교롭게도 아버지가 세상을 뜬 나이와 같은 36세에 세상을 떠났다. 유언에 따라 그녀는 살면서 한 번도 만나보지 못했던 아버지 바이런 경의 옆에 묻혔다.

에이다의 이름은 한동안 잊혔다. 그러다 1953년 버티람 보우덴이라는 학자가 컴퓨터 역사에 관한 책을 쓰면서 그 이름이 다시 등장했다. 에이다가 쓴 글을 본 사람들은 그녀를 최초로 컴퓨터 프로그램을 만든 사람으로 여기고 그녀의 업적을 기렸다. 미국국방부는 1890년 새로운 컴퓨터 프로그래밍 언어에 '에이다'라는 이름을 붙였으며 영국 컴퓨터 협회(BSC)는 1998년부터 매년 컴퓨터 과학에 큰 공헌을 한 사람을 선정해서 'BSC 러브레이스 메달'을 수여한다.

에이다, 최초의 프로그래머

• • •

20세기 후반부터 에이다의 업적에 관해 여러 사람이 연구하기 시작했다. 이들 중 몇몇은 에이다가 남긴 것이 별 가치가 없다고 평가하기도 한다. 에이다는 스스로 무엇인가를 생각해 내거나 만든 것이 아니라 단지 배비지를 도왔을 뿐이라는 것이다. 또한 에이다가 번역한 논문에 몇몇

에이다 러브레이스

수식을 잘못 쓴 것을 지적하면서 에이다의 수학 실력이 그리 뛰어나지 않았을 것이라고도 한다.

하지만 배비지는 "해석기관을 제대로 설명하는 사례와 아이디어는 모두 에이다가 낸 것"이라는 글을 남겼다. 또한 배비지뿐 아니라 여러 학자가 해석기관을 단지 자동 계산 기계라고 생각한 데 비해 에이다는 해석기관이 자동 계산 이상으로 복잡한 일도 할 수 있다는 가능성을 주장했다. 비록 도박, 약물, 건강 등 여러 개인적인 문제로 연구를 꾸준히 이어가지는 못했지만, 컴퓨터가 발명되기 100년도 전에 이미 그 새로운 가능성을 이야기한 에이다는 분명히 시대를 앞서간 선각자였다.

에이다의 개인적인 삶

에이다는 겉으로만 보면 무엇 하나 부족하지 않은 환경에서 태어나 화려한 삶을 살았다. 부유한 귀족 가문 출신에 천재로 이름을 날린 아버지와 능력 있는 어머니, 어릴 때부터 최고의 가정교사에게 받은 훌륭한 교육, 당대의 내로라하는 유명인들과의 교류, 백작과의 결혼 등등. 에이다가 자기 능력을 발휘할 수 있었던 것은 이런 환경의 도움도 컸다. 하지만 겉보기와는 달리 에이다는 행복하지만은 않았다. 아버지인 바이런은 가정을 일찍 버렸기에 에이다는 따뜻한 사랑을 받지 못했다. 사교 활동에 바쁜 어머니는 외할머니에게 에이다의 양육을 맡겼으며, 혹시 에이다가 아버지 바이런처럼 방탕한 삶에 빠져들까 두려워해 문학보다는 수학에 관심을 기울이게 하며 아버지의 흔적을 지웠다. 애정 결핍 때문이었는지, 아니면 부모의 기질을 물려받아서인지 에이다는 예민한 성격에 자기 과시도 강했고, 약물과 도박에 빠져들었으며, 결혼 생활도 썩 행복하지는 않았다. 만일 에이다가 안정된 가정에서 사랑받고 자랐으면 더 훌륭한 업적을 남겼을지, 아니면 개인적인 불행을 벗어나기 위한 노력으로 성취를 이뤄 낸 것일지 딱 잘라 이야기하기 어렵다.

06

대표적인
여성 과학자

마리 퀴리

Marie Curie, 1867~1934

1911년 12월 11일, 왕립 스웨덴 과학한림원의 강단에 선 마리 퀴리는 노벨 화학상 수상자로서 공개 강연을 시작했다. 그녀는 차분하게 지난 15년간 방사능 연구의 발전과 그녀가 발견한 새로운 물질의 특징, 그리고 그 물질만을 분리해 내는 과정을 설명했다. 노벨상 심사위원회는 마리 퀴리가 '라듐과 폴로늄을 발견하고, 라듐을 분석해서 특징을 밝히고, 금속 상태의 라듐을 분리하고, 라듐 화합물에 관해 뛰어난 연구를 했다'

왕립 스웨덴 과학한림원

는 점을 수상 이유로 밝혔다. 노벨상은 마리 퀴리에게 낯선 것이 아니었다. 이미 8년 전에 여성 최초로 노벨상(물리학)을 받은 마리 퀴리는 이제 두 번째 노벨상을 받은 첫 번째 인물이 되었다.

폴란드에서 태어난 마리

• • •

마리아 살로메아 스크워도프스카, 훗날의 마리 퀴리는 1867년 폴란드 바르샤바에서 태어났다. 스크워도프스카 집안은 폴란드의 귀족 계급에 해당하는 슐라흐타였는데 그리 부유하지는 않았다. 아버지는 김나지움◆에서 수학과 물리학을 가르치는 교사였으며 여학생을 위한 사립학교를 운영했다. 마리는 5남매 중 막내로 위로 오빠 한 명과 언니 셋이 있

마리가 태어난 집

었다. 부모님 모두 자녀 교육에 관심이 많았고, 아이들과 함께 놀면서 필요한 것을 익히게 하는 화목한 가정이었다.

마리의 조국 폴란드는 16세기 유럽의 강대국이었으나 주위 여러 국가와 계속되는 전쟁으로 점점 힘을 잃었다. 18세기 후반에는 폴란드와 국경이 닿아 있던 프로이센, 러시아, 오스트리아의 세 나라가 폴란드를 공격해 1793년

◆　인문계 중학교와 고등학교를 합친 유럽의 학교

에는 폴란드라는 이름이 아예 유럽에서 사라졌다. 폴란드를 점령한 세 나라는 폴란드 땅에 자기 나라의 문화와 제도를 도입해서 폴란드를 완전히 없애려 했다. 하지만 폴란드 민족은 끊임없이 저항했고, 때로는 피를 흘리며 점령국과 싸웠다. 마리가 태어난 옛 폴란드의 수도 바르샤바는 러시아에 속했다. 그래서 학교에서도 러시아 말을 사용하고 러시아 역사와 문화를 배워야 했다.

하지만 마리의 아버지는 러시아 당국에 고분고분하게 따르는 사람이 아니었기 때문에 김나지움의 러시아인 감독관에게 밉보여 직위가 낮아졌고 어머니도 폐결핵에 걸려 더 이상 학교를 운영할 수 없게 되었다. 게다가 투자에 실패하는 바람에 집안 살림은 더욱 어려워졌지만 아버지는 매주 토요일마다 고전 문학 작품을 읽어주고, 실험실에서 챙겨온 물리학 실험 기구를 다루는 방법을 알려 주는 등 아이들에게 정성을 다했다.

어머니와 언니를 잃다

. . .

마리의 집안에 불행이 연이어 닥쳤다. 1875년 큰 언니인 조시아가 전염병에 걸려 목숨을 잃었고, 3년 후 마리가 10살 되던 해에는 폐결핵으로 고생하던 어머니도 세상을 떠났다. 언니와 어머니를 잃은 마리는 큰 충격을 받았고 학교도 자주 빼먹었지만 이내 극복하고 1883년 우수한 성적으로 김나지움을 졸업했다. 아버지는 김나지움을 졸업한 마리를 시

16살의 마리

골의 친척집에 보냈다. 마리는 그곳에서 1년 동안 몸과 마음을 치유하고 다시 바르샤바로 돌아왔다.

마리는 당시 학문과 예술의 중심지였던 프랑스 파리로 유학을 가서 공부를 계속하고 싶었다. 마리의 언니 브로니아도 파리로 유학을 꿈꿨는데, 두 사람이 모두 유학을 가기에는 돈이 부족했다. 그래서 브로니아와 마리는 우선 한 사람이 먼저 대학에 가고, 다른 사람은 뒷바라지를 하기로 약속했다. 그래서 언니인 브로니아가 먼저 파리 소르본 대학에 가서 의학을 공부했고, 그동안 마리는 폴란드에서 가정교사로 일을 하며 언니의 유학 생활을 도왔다. 마리는 가정교사 생활을 하면서도 혼자서 공부를 계속했고, 자기가 제일 좋아하는 과학을 앞으로도 계속 공부하리라 마음먹었다.

파리 유학, 소르본 대학에 입학하다

. . .

1890년 브로니아는 대학을 무사히 졸업해서 의사가 되었고, 마리의 유학 생활을 도울 수 있었다. 다행히 폴란드에 남아 있는 가족들의 생활도 안정되어, 1891년 마리는 23세의 나이로 마침내 파리로 떠나 소르본 대학에 입학했다.

마리는 처음 파리에
도착해서는 언니 부부
와 함께 살았지만 몇
달 후 독립해서 혼자
생활했다. 월세 15프
랑(지금 우리 돈으로 약
4만 원)짜리 좁은 하숙

17세기의 소르본 대학교

방에서 살았는데 여름에는 찌는 듯이 더웠고 겨울에는 난방도 안 되어
방안의 물이 꽁꽁 얼었다. 돈이 부족하여 먹는 것도 형편없었고 생필품
을 마련하기도 쉽지 않았지만 마리는 훗날 이때를 가장 행복했던 시기
라고 회상했다. 마리는 물리학과 수학을 전공했고 그녀의 재능을 알아
본 가브리엘 리프만 교수가 마리를 지도했다. 마리는 리프만 교수의 실
험실에서 조수로 일하면서 학교를 다녔으며 1893년에는 물리학 학위를,
그다음 해인 1894년에는 수학 학위를 받았다.

피에르 퀴리와 만나 가정을 꾸리다

· · ·

1894년 마리는 리프만 교수를 찾아온 피에르 퀴리를 만났다. 그때 피
에르 퀴리는 소르본 대학 물리학과를 졸업하고 실험실 조수로 일하고

1895년 피에르 퀴리와 마리 퀴리

있었다. 과학을 탐구하는 열정을 함께 나누던 두 사람은 1895년 조촐한 결혼식을 올렸고 언제나 공부와 연구를 함께 했다. 마리보다 먼저 박사 학위를 받은 피에르는 학계에서 활발히 활동했으며, 마리는 1897년 첫 딸 이렌을 출산한 후 소르본 대학의 실험실에서 일하기 시작했다.

본격적인 연구를 시작하다

. . .

다시 본격적으로 연구를 시작한 마리는 박사 학위를 받기 위한 논문을 준비했다. 그녀는 베크렐이 발견한 현상을 연구 주제로 골랐다. 프랑스의 물리학자 앙리 베크렐은 1896년 신기한 현상을 관찰했다. 당시 사진기는 빛을 받으면 화학적인 변화를 일으키는 필름을 사용했다. 그런데 베크렐은 빛이 없는 상태에서 필름 위에 종이로 싼 우라늄 물질을 놓아두면 그 모양이 필름에 찍히는 것을 발견했다. 그는 우라늄이 자체적으로 광선을 내보내는데, 이 광선이 종이를 뚫고 지나간다는 결론을 내리고 여기에 '베크렐선'이라는 이름을 붙였다.

1895년 독일의 물리학자 콘라드 뢴트겐이 발견한 X선(X-ray)도 물체를 통과하는 성질을 가지고 있었다. X선은 당시 학자들 사이에 큰 화제를 불러일으켰는데, 이에 비해 베크렐선을 연구하는 사람은 별로 없었으며 베크렐선이 발생하는 원인도 잘 몰랐다. 마리는 우라늄의 특성을 연구하고 자연에 존재하는 물질 중에서 우라늄처럼 베크렐선을 내보내는 다른 원소를 찾으려 했다.

방사능 연구와 새로운 원소의 발견

. . .

우라늄에서 발생하는 베크렐선은 통과하는 공기의 전기적 특징도 변화시켰다. 이 변화의 정도를 측정하면 얼마나 많은 양의 베크렐선이 나오는지를 알 수 있었다. 마리는 토륨이라는 물질이 우라늄과 같은 정도의 베크렐선을 내보낸다는 것을 발견했다. 마리는 이어서 우라늄과 토륨이 다른 물질과 섞인 화합물에서 나오는 베크렐선의 강도를 측정했다.

화합물에서 나오는 베크렐선의 양은 화합물에 들어 있는 우라늄이나 토륨의 양에 따라 정해졌다. 즉 마리는 베크렐선이 우라늄이나 토륨의 '원자'로부터 나온다는 사실을 발견한 것이다.

그 후 마리는 피치블렌드(우라니나이트)라는 광석을 연구했다. 피치블렌드

피치블렌드(우라니나이트)

실험실의 마리와 피에르

에는 우라늄이 섞여 있었는데 피치블렌드가 내뿜는 베크렐선은 그 안에 들어있는 우라늄이 내뿜는 양보다 3~4배나 많았다. 마리는 피치블렌드 안에 우라늄 말고도 베크렐선을 내뿜는 다른 원소가 있을 것이라고 생각했다. 마리는 남편 피에르와 함께 피치블렌드에서 베크렐선을 내는 원소를 찾기 위한 실험을 시작했다. 당시 마리와 피에르가 연구하던 실험실은 헛간을 고친 곳이었다. 원소를 분리하기 위해서는 광석을 난로에 넣고 가열했는데, 여름에는 끔찍하게 더웠으며 제대로 된 환기 장치도 없었다. 이 어려운 환경에서도 실험을 계속한 마리와 피에르는 1898년 마침내 우라늄보다 수백 배 강력한 선을 뿜는 새로운 원소를 찾아냈다. 마리는 이 원소에 자신의 모국 폴란드의 이름을 딴 '폴로늄'이란 이름을 붙였고, 곧이어 폴로늄보다 더욱 강력한 선을 내보내는 새로운 원소 '라듐'을 발견했다. 퀴리 부부는 우라늄, 폴로늄, 라듐처럼 물체를 뚫고 나가는 선을 내뿜는 원소의 성질에 '방사능'이란 이름을 붙였으며, 이 성질을 가진 선을 '방사선'이라고 불렀다.

노벨상을 받은 퀴리 부부

. . .

이 연구로 마리는 1903년 소르본 대
학에서 박사 학위를 받았으며, 그 해
말 베크렐과 남편 피에르와 함께 노벨
물리학상을 공동으로 받았다. 마리가
노벨상을 받기까지는 약간의 우여곡절
이 있었다. 프랑스 학자들은 처음에 노
벨상 후보로 베크렐과 피에르만 추천

노벨상 메달

했다. 하지만 마리의 연구를 잘 알고 있었던 노벨상 심사위원 중 한 명이
마리를 포함해야 한다고 주장했으며, 남편 피에르도 강력하게 노벨상
위원회에 항의했다. 그 결과 베크렐, 피에르, 그리고 마리가 노벨 물리
학상을 공동으로 받게 된 것이다. 마리는 이렇게 여성으로는 최초로 노
벨상을 받게 되었다. 노벨상 수상 이후 마리와 피에르는 유명해졌으며,
이때 받은 상금으로 처음으로 실험실 조교를 고용할 수 있었다. 또한 마
리는 상금 대부분을 폴란드 출신의 가난한 학생을 돕는 일에 사용했다.
1905년에는 피에르가 소르본 대학 교수가 되면서 마리와 피에르 부부
는 학문적으로도, 경제적으로도 안정된 삶을 살 것으로 보였다.

피에르의 갑작스러운 죽음

• • •

1906년 마리에게 뜻밖의 불행이 들이닥쳤다. 남편 피에르가 길을 건너다 마차에 치여 목숨을 잃는 끔찍한 사건이 발생한 것이다. 마리는 남편이자 최고의 동료였던 피에르의 죽음으로 큰 충격을 받았고, 삶의 희망과 목표를 잃어버리는 듯했다. 하지만 1906년 소르본 대학교는 마리에게 피에르의 교수직을 이어받도록 요청했고, 마리는 피에르의 뜻을 이어 세계 최고의 실험실을 만들겠다는 각오로 교수직을 받아들였다. 그렇게 마리는 소르본 대학 650년 역사상 최초의 여성 대학교수가 되었다. 그 후 마리는 순수한 라듐을 분리해 내는 연구에 전력을 다했다. 1909년에는 소르본 대학과 파스퇴르 연구소◆가 힘을 모아 '라듐 연구소'를 만들었고, 마리는 연구소의 '퀴리 실험실'을 이끌었다.

1911년, 많은 일이 있었던 한 해

• • •

1911년 마리는 여러 사건을 겪었다. 그해 마리는 프랑스 과학 학술원 회원이 되는 것에 도전했다. 신입 회원이 되기 위해서는 기존 회원의 다수가 찬성해야 했다. 그러나 마리가 피에르의 연구를 보조한 것뿐이라

◆　저온 살균법, 광견병 백신 등을 발명한 프랑스 생물학자 루이 파스퇴르가 1887년 세운 연구소

며 그녀의 업적을 낮춰 보고, 폴란드 출신 여성이라는 이유로 마리를 학술원 회원으로 받아들이기를 거부하는 학자들이 있었다. 투표 결과, 마리는 간발의 차로 떨어지고 다른 남성 학자가 학술원 회원이 되었다.◆

1911년 처음으로 열린 솔베이 회의에 참여한 유일한 여성 마리
(앞줄 오른쪽 두 번째)

또한 같은 해 마리는 프랑스인 물리학자 폴 랑주뱅과 사랑에 빠졌다. 랑주뱅은 피에르의 제자였으며, 이미 결혼한 사람이었기 때문에 두 사람의 관계가 세상에 알려지자 마리는 엄청난 비난에 휩싸였다. 군중들이 마리의 집 앞에까지 몰려오는 바람에 마리는 딸을 데리고 잠시 몸을 피하기도 했다. 이런 소란에도 불구하고 마리의 학술적 업적은 빛이 바래지 않았다. 1911년 12월 노벨상 위원회는 순수한 라듐을 분리한 업적을 높이 사서 마리에게 노벨 화학상을 수여했다. 두 번째 노벨상이었다. 마리는 시상식에 언니 브로니아와 딸 이렌과 함께 참석했다. 마리는 전 세계적으로 유명한 사람이 되었다.

◆　여성이 프랑스 과학 학술원 회원이 된 것은 그 후로도 한참 시간이 지난 1962년의 일이다. 처음으로 학술원 회원이 된 여성은 물리학자 '마르게리트 페레'로 마리 퀴리에게 지도받은 제자였다.

제1차 세계 대전의 발발

• • •

1914년 8월 1일 전 세계
를 휩쓴 거대한 전쟁, 제1차
세계 대전이 발생했고, 전
쟁의 불길이 유럽을 휩쓸
었다. 독일, 오스트리아, 오
스만 제국 등이 한 편, 프랑

전쟁에 참여한 마리(오른쪽 두 번째)와 간호사, 의사들

스, 영국, 러시아, 이탈리아 등이 한 편이 되어 싸운 이 전쟁은 1918년
11월까지 계속되었다. 마리는 독일의 침공에 대비해서 연구소에 보관된
라듐을 안전한 장소로 옮기고, 과거 받았던 노벨상 상금을 전쟁 비용으
로 쓰라고 국가에 기부했다. 또한 X선을 이용해서 부상병의 치료를 돕
는 부대의 책임자가 되어 전쟁터에서 사용하기 쉬운 작은 크기의 X선
장비를 개발하였으며, 200여 개의 X선 검사소를 운영하고, 150명의 여
성 X선 기사를 길러냈다. 이 일에는 당시 18세였던 딸 이렌도 참여했다.
1918년 독일의 패배로 전쟁이 끝났는데, 이 전쟁의 결과 마리의 조국 폴
란드는 나라의 이름을 되찾아 독립했다.

전쟁 이후 라듐 권위자로 우뚝 서다

• • •

제1차 세계 대전이 끝난 후 마리는 라듐 연구소 활동에 집중했다. 가장 중요한 문제는 라듐을 구하는 것이었다. 순수한 라듐은 만들기 힘든 금속이었다. 1g의 라듐을 얻기 위해서는 수천 킬로그

1921년의 마리

램의 피치블렌드가 필요했다. 당시 라듐 연구소에는 0.5g의 라듐밖에 없었는데, 연구와 의학적 이용을 위해서는 더 많은 라듐이 필요했다.

1921년 마리는 미국 기자 멜로니와 인터뷰했는데, 마리의 활동에 공감한 멜로니는 미국에 '마리 퀴리 라듐 기금'을 만들고 돈을 모아 라듐을 구하는 데 도움을 주었다. 그해 마리는 처음으로 미국을 방문해 크게 환영받았고 미국 대통령 하딩은 마리를 관저로 초대해 우호의 선물로 라듐 1g을 기증했다.

같은 해 마리는 파스퇴르 연구소 소장인 의사 클로디어스 레고드와 함께 '퀴리 재단'을 만들어 라듐 연구소의 활동과 프랑스의 방사능 연구를 지원했다. 마리가 이끄는 라듐 연구소는 발전을 거듭해 세계적인 방사능 연구소◆로 성장했으며, 학계를 대표하는 리더로 자리 잡은 마리는

◆　1970년 라듐 연구소는 '퀴리 연구소'가 되었다.

각종 국제 학술 모임에서 활발히 활동했다.

방사능의 위험이 알려지다

• • •

미국 방문 이후 마리의 건강은 빠르게 나빠졌다. 마리는 백내장, 저혈압, 악성 빈혈, 현기증 등에 시달렸는데 당시 의학 수준으로는 마리의 증상이 방사능 때문이란 것을 알지 못했다.

방사능은 백혈병, 악성 빈혈 등 여러 질병의 원인이 되기도 하며, 많은 양의 방사능에 노출되면 즉시 목숨을 잃을 정도로 위험하다. 그러나 마리가 방사능 원소를 연구할 때는 아직 방사능의 위험성이 알려지지 않았다. 그래서 마리는 연구를 하면서 방사능 물질을 주머니에 넣어 다니기도 했고, 침대 머리맡 서랍에 보관하기도 했다. 사람들도 방사능의 위험을 모른 채 라듐을 화장품, 약품에 섞어 썼다.

방사능의 위험성이 알려지기 시작한 것은 1920년대 이후이다. 라듐은 어둠 속에서도 반짝거리는 야광 효과가 있었기 때문에 시계를 만들 때 시곗바늘에 라듐을 묻혔다. 이때 붓털을 가지런히 모으려고 혀로 침을 묻히는 등의 과정에서 라듐을 섭취한 많은 공장 노동자가 병에 걸리거나 사망하는 사건이 벌어지자 비로소 방사능의 심각한 위험성을 알게되었다. 방사능을 다루는 사람을 보호하기 위한 안전 규칙이 강화되었고, 안전장치와 방법도 점점 발전했지만, 마리를 비롯해 초기에 방사능을 연구한 학자들은 오랫동안 방사능에 노출되어 있었기에 방사능 때문에 몸이 망가지는 것을 피할 수 없었다.

마리의 죽음
. . .

건강이 나빠진 마리는 스위스의 요양원에 들어가 치료받다가 1934년 세상을 떠났다. 직접적인 원인은 오랫동안 방사선에 노출되어 생긴 악성 빈혈이었다.◆ 가족들만 모여 조촐한 장례식을 치렀고, 마리는 피에르 옆에 안장되었다. 1995년에는 마리와 피에르의 공적을 기려 그들의 유해를 파리 팡테옹 국립묘지로 옮겼다. 슬프게도 두 사람의 유해에서는 여전히 방사선이 나왔기 때문에 납으로 된 관을 사용해 밀봉할 수밖에 없었다. 그녀의 연구 노트에도 방사선이 남아 있어서 마리의 연구 노트는 납으로 된 상자에 담겨 박물관에 보관되어 있다. 이 노트를 직접 보기 위해서는 방사선을 차단하는 옷을 갖춰 입어야 한다.

◆ 딸 이렌 또한 1956년 방사성 물질 노출로 인한 백혈병으로 사망한다. 그녀는 백혈병을 "우리 같은 일을 하는 사람의 직업병"이라 했다고 한다.

마리아 살로메아 스크워도프스카, 혹은 마리 퀴리의 유산

• • •

많은 사람이 '여성 과학자'로 가장 먼저 떠올리는 사람이 바로 '마리 퀴리'이다. 그녀는 두 번의 노벨상 수상으로 대표되는 뛰어난 과학자로, 마리의 방사능 연구는 핵물리학 분야의 토대가 되었고 의학 발전에도 크게 이바지했다. 학문적인 성취 외에도 마리에게는 여성이라서, 외국인이라서 받은 수많은 차별을 이겨낸 강인함이 있었다. 마리는 라듐 연구소에

폴란드 라듐 연구소 앞에 서 있는 마리의 동상

많은 여성 학자를 채용했다. 1937년 라듐 연구소의 연구원 37명 중 12명이 여성이었는데 당시로서는 매우 놀라운 일이었다. 또한 꾸준히 폴란드 출신 과학자를 도왔으며 폴란드에 라듐 연구소◆를 세우는 일을 후원했다. 학문적으로나 사회적으로나 마리 퀴리는 인류에게 커다란 공헌을 한 위대한 인물이었다.

◆ 폴란드 라듐 연구소는 1932년 출범했고, 소장은 마리의 언니 브로니아였다.

마리의 뒤를 이은 이렌 졸리오퀴리

마리아 피에르의 첫 딸 이렌도 부모의 뒤를 이 었다. 이렌은 제1차 세계 대전 당시 어머니 마리를 따라 X선 검사소에서 일했으며, 전쟁 중에도 공부 를 계속해서 소르본 대학에서 1916년에는 물리 학, 1917년에는 화학 학위를 받았다. 그 후 라듐 연구소에서 일하면서 박사 학위를 취득하고 연구 소 동료인 프레데리크 졸리오와 결혼했다. 두 사 람은 연구를 계속해서 1935년 인공 방사능 연구 로 노벨 화학상을 공동 수상했다. 이렌은 마리의

이렌과 마리

뒤를 이어 소르본 대학 교수가 되었고, 1936년 과학부 장관에 임명되었다. 프랑스 최초의 여성 장관이었다.

서양에서는 여자가 결혼하면 남자 성을 따른다. 하지만 이렌과 프레데리크 부부는 두 사 람의 성을 합쳐 졸리오퀴리Joliot-Curie라는 새로운 성을 만들어 같이 썼다.

07

진리의 아름다움을 탐구한
따뜻한 마음

리제 마이트너

Lise Meitner, 1878~1968

1907년, 리제 마이트너는 실험실 사용을 간신히 허락받았다. 정식 실험실은 아니고 베를린 대학교 건물 지하에 있는 목공실에 실험 테이블과 장비를 가져다 두고 실험실로 꾸민 곳이었다. 리제가 이곳이나마 사용할 수 있었던 이유는 건물 정문을 통하지 않고도 바깥에서 들어올 수 있는 문이 있었기 때문이었다. 화장실이라도 가려면 건물을 나가 거리에 있는 식당까지 가야 했다. 수업에 정식으로 등록할 수 없었던 리제는 때로는 몰래 강의실 의자 밑에 들어가 강의를 들었다. 그렇지만 리제는 즐거웠다. 게다가 함께 연구하는 화학자 오토 한은 리제의 장점을 최고로 발휘할 수 있게 해 주는 좋은 파트너였다. 1908년에는 막 노벨상을 받은 영국의 유명한 물리학자 어니스트 러더퍼드가 지하 목공실을 방문해서 리제와 오토 한을 만났다. 리제와 처음 만나 인사를 나눈 러더퍼드는 깜짝 놀랐는데, 그때까지 리제가 여자라는 사실을 몰랐기 때문이었다.

리제의 '궁극적 진리를 탐구하기 위한 전쟁'은 이 지하 목공실에서 본격적으로 시작되었다. 훗날 리제는 핵물리학 분야에 커다란 공헌을 남긴 유명한 학자가 되었지만, 아마도 여기서 보낸 시간만큼 행복했던 시기는 없었을 것이다.

물리학에 눈을 뜨다
• • •

리제 마이트너는 1878년 오스트리아-헝가리 제국의 도시 빈에서 7남매 중 셋째 딸로 태어났다. 아버지는 꽤 유명한 변호사여서 수입이 넉넉한 편이었지만 8남매를 기르느라 늘 검소하게 살았다.

리제는 조용하고 침착한 성품으로 자연 현상 관찰을 즐겼으며, 물리와 수학을 좋아했다. 하지만 당시 오스트리아는 여성의 고등 교육을 허용하지 않아서 여성은 김나지움에 갈 수 없었으며 대학 입학도 불가능했다. 리제는 과학자가 되는 꿈을 포기하지 않았지만 어쩔 수 없이 몇 년간은 프랑스어 교사가 되기 위해 공부했다. 다행히 1899년에는 여성도 대학에 입학할 수 있게 되었고, 리제는 1910년 대학 입학 자격시험에 통과해 빈 대학교에서 물리학과 수학을 공부했다.

리제가 빈 대학에 입학하던 즈음은 물리학과 화학에서 새로운 발견이 쏟아지던 때였다. 1895년 뢴트겐은 X선을 발견했고, 1896년에는 베크렐이 베크렐선을 발견했으며, 1898년 마리 퀴리와 피에르 퀴리가 라듐을 발견했다.

빈 대학에서 물리학을 공부하던 리제는 루트비히 볼츠만 교수를 만났다. 1902년 빈 대학의 물리학 교수로 온 볼츠만은 훌륭한 학자이면서 매우 인기 있는 강사였는데, 그가 강의할 때는 큰 강의실이 꽉 차서 사람들이 통로 사이에 서서 강의를 들을 정도였다. 리제는 볼츠만 교수로부터 역학, 전자기학, 기체 이론 등을 배웠다. 특히 리제는 물리학이 "궁극적인 진실을 찾기 위한 전쟁"이라는 볼츠만 교수의 말에 크게 감동해 평생 마음에 간직했다. 리제는 1905년 빈 대학교에서 물리학 박사 학위를 받았는데, 빈 대학 역사상 과학 분야에서 두 번째로 박사가 된 여성이었다.

얌전한 오스트리아 소녀, 베를린으로 가다

． ． ．

박사학위를 받은 리제는 직업을 구할 수도 있었지만 그보다는 연구를 계속하고 싶었다. 리제는 우선 파리로 가서 마리 퀴리 밑에서 일하고 싶었지만, 어떤 이

1900년 베를린 대학교 전경

유에서인지 마리 퀴리는 리제를 받아주지 않았다. 리제는 대신 프리드리히 빌헬름 대학(오늘날 베를린 대학)으로 가서 막스 플랑크 교수의 수업을 듣고 물리학자로서 할 일을 찾았다. 1907년 당시 독일 제국◆은 여성의 대학 입학을 허가하지 않았으며 막스 플랑크 교수도 여성이 고등교육을 받는 것을 탐탁지 않게 생각했지만, 리제는 예외로 인정했다. 시간이 지나고 리제는 막스 플랑크의 집에도 자주 초대받는 애제자가 되었다. 또한 막스 플랑크의 조교가 되어 수업을 듣는 학생들에게 과제를 내고 채점했는데, 독일의 대학에서 일한 여성은 리제가 최초였다.

오토 한과 공동 연구를 시작하다

· · ·

1907년 리제는 베를린 대학교의 다른 교수로부터 오토 한이라는 화학자를 소개받았다. 리제보다 한 살 아래인 오토 한은 상냥하고 쾌활한 청년으로 리제와 공동으로 연구하고 싶어 했다. 하지만 당시 화학과를 책임지던 교수 에밀 피셔는 여성 연구자를 실험실에 들이고 싶어 하지 않았다. 그래서 리제는 입구가 따로 나 있는 지하실을 실험실로 쓰도록 간신히 허락을 얻었다. 이 실험실에서 리제는 본격적으로 연구를 시작했고, 이곳에서 5년 동안 22편의 연구 논문을 썼다. 오토 한은 직관이 뛰어

◆　1871년부터 1918년까지 존재했던 독일의 통일 왕국, 19세기 강대국으로 현대 독일의 토대가 되었다.

낳고 실험을 잘했으며, 리제는 비판적이고 논리적인 사고를 펼쳤다. '뛰어난 화학자와 깊이 파고드는 물리학자'가 짝을 이뤄 서로의 부족한 부분을 보충할 수 있었다.

오토 한과 리제 마이트너(1912)

1908년이 되어 독일 대학도 여성의 입학을 허용했고 대학 건물에는 그때까지 없던 여성 화장실도 생겼다. 리제도 대학을 자유롭게 돌아다닐 수 있게 되었지만, 복도에서 오토 한과 리제가 같이 걸어가면 사람들은 오토 한에게만 인사를 하고 리제는 본체만체했다. 리제는 이런 상황에 굴하지 않고 학자로서 조금씩 이름을 알려갔다. 막스 플랑크는 때때

지하 목공소 실험실이 있던 베를린 훔볼트 대학교(옛 베를린 대학교) 건물 출입구에 있는 리제 마이트너와 오토 한 기념 석판. "이 건물 지하의 목공소로 쓰이던 곳에서 라듐 연구자인 오토 한과 리제 마이트너는 1906/07년에서 1912년까지 중요한 발견을 통해 과학의 발전에 기여했다."라는 문구가 새겨져 있다.

로 자기 집에 젊은 과학자들을 초대해서 작은 토론 모임을 열었는데, 리제도 여기 참석해서 여러 과학 분야의 새로운 연구 결과를 알 수 있었다. 또한 외국에서 열리는 학술회의에도 참석해 논문을 발표하고 전 세계 물리학자들과 교류했는데, 1909년에는 오스트리아에서 알베르트 아인슈타인을 만났고, 1910년 벨기에에서 열린 국제 라듐 회의에서는 처음으로 마리 퀴리를 만나 연구 주제에 관해 이야기를 나누었다.

카이저 빌헬름 화학연구소에 자리 잡다
• • •

1911년 독일 제국은 '과학 발전을 위한 카이저 빌헬름 협회'◆라는 조직을 만들었다. 이 협회 아래에는 80여 개의 연구기관, 실험센터 등이 있었다. 오토 한과 리제는 그중 1912년 베를린 달렘이라는 지역에 세워진 카이저 빌헬름 화학연구소에서 일하기 시작했다. 오토 한은 연구 교수라는 직위를 얻었지만, 리제는 처음에는 정식 자리를 얻지 못하고 오토 한 실험실의 객원 연구원 신분으로 참여하다 한 해 늦게 오토 한과 같은 지위가 되었다. 두 사람은 방사능 분야를 연구했다. 새로운 연구소는 실험 환경이 훌륭했으며 실험 기구와 연구비도 아낌없이 지원해 주었다. 리제는 프라하 대학에서 강사로 스카우트 제의가 오는 등 제법 이름이

◆　1948년 '막스 플랑크 협회'로 바뀌었다.

알려졌으며, 월급도 올라 생활에 안정을 찾았다.

제1차 세계 대전의 발발

• • •

안정적인 생활은 길지 않았다. 1914년 오스트리아 황태자 암살 사건을 계기로 제1차 세계 대전이 발발했다. 독일 제국은 오스트리아-헝가리 제국, 오스만 제국과 한 편이 되어 영국과 프랑스, 러시아, 미국 등을 상대로 전쟁에 돌입했다. 오토 한은 군대로 징집되어 전쟁에서 무기로 사용할 독가스를 개발하는 일을 했다.

1915년에는 리제도 X선 담당 간호사로서 오스트리아 전선에서 부상병을 돌보았다. 반대 진영에서는 마리 퀴리와 딸 이렌 퀴리가 리제와 같은 역할을 하고 있었다. 1917년 리제는 군대를 떠나 다시 베를린의 연구소로 돌아갔으며 물리학 부서의 책임자가 되었다. 당시 오토 한이 일하던 곳이 연구소와 가까웠기 때문에 두 사람은 틈틈이 함께 연구할 수 있었고 마침내 91번째 원소 '프로트악티늄'을 발견했다. 이 발견으로 두 사람은 노벨상 후보로 추천되었지만 수상하지는 못했다.

학자로서 성공하다

. . . .

1918년 독일에서는 오랜 전쟁에 신물이 난 군인들이 반란을 일으켰으며 노동자와 시민이 합세해서 황제를 몰아내고 임시 정부를 수립했다. 임시 정부는 그동안 독일이 점령한 지역에서 물러나고 휴전에 합의했다. 1919년 8월 11일, 독일은 새로운 헌법을 만들고 바이마르 공화국으로 새롭게 탄생했다.

바이마르 공화국은 독일 제국의 권위주의에서 벗어났고, 여성의 권리도 조금씩 커졌다. 1920년에는 드디어 독일에서도 여성이 교수가 될 수 있는 길이 열렸다. 베를린 대학은 1922년 리제에게 '강의할 수 있는 권리'를 주었으며, 리제는 1923년 자신의 첫 번째 공개 강의를 했다. 하지만 리제는 다른 남자 동료들이 정식 교수가 된 것과 달리 1926년에서야 정식 교수보다 등급이 낮은 특별 교수가 되었다. 이처럼 차별이 남아 있는 상황에서도 리제는 독일 최초의 여자 물리학 교수로서 1933년까지 베를린 대학에서 50편 이상의 뛰어난 논문을 발표하고 훌륭한 제자들을 키워냈다.

유대인 박해를 피해 독일을 떠나다

. . . .

1933년 1월 30일, 아돌프 히틀러가 독일 수상이 되었다. 히틀러와 나치당은 유대인을 박해했다.
1933년 4월에는 법을 바
꿔서 아리아인◆이 아닌 모
든 공무원을 해고했다. 리
제는 유대인 가문 출신이
었고◆◆ 베를린 대학 교수

1937년 열린 회의의 유일한 여성이었던 리제 마이트너(맨 앞줄 오른쪽에서 세 번째)

는 국가 공무원이었기 때문
에 그녀도 교수직을 내놓아야 했다. 유대인 학자들은 독일을 떠나기 시
작했다. 그러나 리제는 독일을 떠나지 않고 오토 한과 방사능 연구를 계
속했으며 1935년부터는 화학자 프리츠 슈트라스만이 팀에 합류해 힘을
보탰다. 박해는 계속되어 1936년부터 리제는 공식적인 자리에 참석이
금지되었고 학술회의나 논문 발표에는 오토 한이 혼자 나갔다. 리제에
게는 다른 무엇보다 연구가 중요했기에 모든 고난을 견뎌냈다. 다행히
리제는 오스트리아 국적을 가지고 있어서 나치의 박해를 이리저리 피할
수 있었다. 그러나 1937년 독일이 오스트리아를 병합하며 리제는 독일
유대인 신분이 되었다. 1938년 연구소에서도 쫓겨난 리제는 계속 독일
에 머물다가는 목숨도 위태로울 수 있는 상황에 처했다. 나치는 과학자
가 독일을 떠나지 못하게 막았기 때문에 1938년 7월 13일, 리제는 몰래

◆   다른 인종보다 우수한 특성을 타고났다고 주장하는 인종. 나치는 독일인을 아리아인 인종이라며
      찬양하고 유대인, 흑인, 집시 등을 비아리아인이라는 이유로 박해했다.
◆◆ 리제는 1908년 개신교로 개종했지만, 나치는 할아버지 대까지 출신을 따졌다.

가방 하나만 챙겨 네덜란드로 도망쳤다. 네덜란드에 잠시 머물던 리제는 다시 코펜하겐을 거쳐 스웨덴 스톡홀름으로 갔고, 스톡홀름의 노벨 연구소는 리제를 위한 자리를 제공했다.

오토 한과 슈트라스만의 발견

. . .

리제는 독일을 떠난 후에도 오토 한과 계속 연락하며 기존 연구에 참여했다. 리제가 스웨덴으로 떠나기 전 두 사람은 덴마크에서 몰래 만나 연구에 관해 토론했고, 그 후에도 실험 결과에 관해 편지로 연구 결과와 해석, 의견을 주고받았다. 두 사람은 우라늄 핵에 중성자를 충돌시켜서 새로운 물질을 만드는 연구를 하고 있었다. 그러던 중 오토 한과 슈트라스만은 우라늄 원자를 느린 중성자로 때리면 '바륨'이 생성되는 현상을 관찰했다. 우라늄에 중성자가 충돌하면 우라늄(원자번호 92)보다 원자번호◆가 작은 토륨(원자번호 90)이나 라듐(원자번호 88) 같은 원소로 변하는 것은 이미 알려져 있는 사실이었다. 그런데 바륨은 원자번호가 '56'으로 우라늄과 차이가 컸다. 오토 한은 1938년 12월 19일 리제에게 편지로 이 사실을 알리고, 이 현상을 어떻게 설명할 수 있는지 물었다. 리제는 당장 답할 수 없는 문제인 만큼 실험을 더 해보라고 권하는 답장을

◆   원자핵에 들어있는 양성자의 수. 원자번호가 92인 우라늄의 핵에는 양성자가 92개 있다는 뜻이다.

했다. 오토 한과 슈트라스만은 재차 실험 후 똑같은 결과를 얻어 12월 29일 이 발견을 논문으로 써서 출판사로 보냈다.

핵분열 현상을 설명하다

. . .

1938년 12월 23일, 리제는 스웨덴의 쿵엘브라는 작은 마을로 크리스마스 휴가를 떠났다. 마침 덴마크에 있던 조카 오토 프리쉬가 리제를 찾아왔다. 오토 프리쉬는 리제와 같은 물리학자로, 코펜하겐에서 닐스 보어♦와 함께 일하고 있었다. 리제는 프리쉬에게 오토 한의 편지를 보여주었고, 두 사람은 바륨이 나온 이유에 관해 토론했다.

그들은 원자핵이 딱딱한 고체가 아니라 방울진 액체와 비슷하다는 닐스 보어의 이론을 떠올렸다. 물방울을 길게 늘이면 둘로 갈라지는 것처럼, 중성자가 충돌해서 핵 속에 파고들면 원자핵이 격렬히 움직이고, 이 때문에 원자핵이 길게 늘어나 결국 쪼개진다는 이론을 세웠다. 그런데 원자핵을 이루는 양성자와 중성자는 강한 힘으로 뭉쳐 있는데, 이를 쪼개려면 많은 에너지가 필요했다. 리제는 우라늄의 원자핵을 둘로 쪼개려면 2억 전자볼트♦♦의 에너지가 필요하다고 계산했다. 이는 화학 반응에서 얻을 수 없는 큰 힘이었다. 그녀는 1909년 학술회의에서 들었던 아

♦   원자의 구조를 밝히고 양자 역학의 토대를 만든 덴마크인 물리학자로 1922년 노벨 물리학상을 수
     상했다.

인슈타인의 E=mc^2(E=에너지, m=질량, c=빛의 속도) 공식을 떠올렸다. 이 공식은 에너지가 질량과 같고, 아주 작은 질량도 큰 에너지로 변할 수 있음을 나타냈다. 리제는 중성자가 충돌한 이후 쪼개져 나온 원소들의 질량이 원래 우라늄의 질량보다 아주 조금 줄어든 것을 발견했다. 이 질량의 줄어든 정도를 아인슈타인의 공식에 넣어보니 2억 전자볼트에 해당했다. 모든 것이 다 맞아떨어졌다.

1939년 1월 1일 리제는 자신의 해석을 오토 한에게 편지로 알렸으며 코펜하겐으로 돌아온 프리쉬는 닐스 보어에게 이 사실을 알렸다. 그 사이 오토 한과 슈트라스만의 발견은 1월 9일 리제의 해석이 빠진 채 출판되었다. 리제와 프리쉬는 간단한 실험으로 이론을 검증한 후 2월 11일 세계적인 학술지 〈네이처〉에 발표했고, 원자핵이 둘로 쪼개지는 현상에 '핵분열'이라는 이름을 붙였다.

스웨덴에서의 생활과 제2차 세계 대전

• • •

리제는 스웨덴 노벨 연구소에 자리를 잡기는 했지만, 그동안 일궈 왔던 거의 모든 것을 잃었다. 수십 년간 연구했던 자료는 몽땅 독일에 있었으며, 그동안 모은 돈도 전부 독일 은행에 있어 찾을 수 없었다. 월급

◆◆ 전자 하나의 에너지를 측정하는 단위, eV로 표시하며 아주 작은 단위라서 원자, 중성자, 양성자와 같은 미립자를 다룰 때 주로 사용한다.

이 적어서 경제적으로도
힘들었고, 스웨덴의 거친
기후에 건강도 나빠졌다.

그리고 1939년 9월, 독일
이 폴란드를 공격하면서 전
세계는 다시 커다란 전쟁에
휘말렸다. 스웨덴은 중립국

리제가 생애 대부분 살았던 스웨덴의 집

으로 전쟁에 참여하지 않았기 때문에, 리제는 조용히 스웨덴에 머무르
고 있었다. 1941년부터는 핵물리학 강의도 시작했으며, 1943년에는 스
톡홀름에 강연차 왔던 오토 한과 만나기도 했는데, 전쟁을 일으킨 독일
의 책임에 관한 의견이 서로 달라 이전보다 관계가 서먹해졌다.

1945년 5월 8일 독일이 항복하며 유럽의 전쟁은 끝났고, 끝까지 저항
하던 일본에 1945년 8월 6일 원자폭탄이 떨어졌다. 원자폭탄은 핵분열
이 연속해서 일어날 때 발생하는 어마어마한 에너지를 사용한 무기였
다. 이틀 후 미국 신문에 '리제 마이트너의 수학적 계산이 원자폭탄 개발
에 중요한 역할을 했다'는 내용의 기사가 실렸고 리제는 자신도 모르는
사이 세계적으로 유명한 사람이 되었다.

수상하지 못한 노벨상

• • •

 1944년 오토 한은 핵분열을 발견한 공적으로 노벨 화학상을 받았다. 그런데 함께 연구했던 리제와 슈트라스만은 공동 수상자가 되지 못했다. 무엇보다 노벨상 수상자를 선정하는 위원회가 리제의 공헌을 제대로 알지 못했다. 리제의 업적을 아는 사람들은 리제가 공동 수상자가 되지 못한 것을 아쉬워했지만 리제는 공식적인 자리에서 섭섭함을 표시하지 않았고 오토 한을 비난하지도 않았다. 다만 자신을 오토 한의 보조 연구자로 취급하는 사람들에게는 화를 냈다. 오토 한과의 사이도 이전 같지 않았는데, 오토 한도 공식적인 자리에서 핵분열을 설명하면서 리제의 공헌을 이야기하지 않았다. 여러 이유가 있었겠지만, 그 당시에도 여성 과학자의 업적은 충분히 인정받지 못했다.

미국에서 환영받다

• • •

 1946년 리제는 초청을 받아 처음으로 미국에 방문했다. 그녀가 뉴욕에 도착하자 기자들이 몰려들어 원자폭탄에 관한 질문을 퍼부었다. 하지만 그녀는 원자폭탄의 개발에 전혀 관여하지 않았기 때문에 특별히 할 이야기가 없었다.

 미국 대통령 해리 트루먼은 리제를 백악관으로 초청해서 성대한 환영식을 열었고, 그녀에게 '올해의 여성상'을 수여했다. 리제는 워싱턴의 가톨릭 대학에서 강의와 세미나를 했는데, 특히 원자 에너지의 산업적, 평화적 이용에 관해 강조했다.

1946년 7월 다시 스톡홀름으로 돌아온 리제는 그해 12월 노벨상 수상 강연을 위해 스톡홀름에 온 오토 한 부부를 만났다. 갈등도 있었지만, 오토 한과 리제는 여전히 친한 동료였다. 1948년에는 스승 막스 플랑크의 추도식에 참가하기 위해 독일을 방문했다. 떠난 지 10년 만이었다. 마인츠 대학에서 교수직을 제안했지만, 독일에 머무르고 싶지 않았던 리제는 그 자리를 거절했다. 그녀는 독일이 벌였던 전쟁과 과학자들이 전쟁에 협력해서 한 일을 쉽게 잊을 수 없었다.

인간성을 잃지 않았던 물리학자
‥‥

스톡홀름의 연구 환경도 과거에 비해 좋아졌다. 1947년에 리제는 스웨덴 왕립 기술 연구소로 자리를 옮겨 연구 교수가 되었고, 훌륭한 실험실과 함께 연구할 동료를 얻었다. 1949년에는 스웨덴 국적을 얻었다. 리제는 1952년까지 연구 논문을 발표했고 1960년 은퇴한 후에는 언니와 조카들이 사는 영국으로 이주했다.

리제는 은퇴 후에도 세계 평화, 군비 축소와 같은 주제로 여러 곳에서 강연했다. 1966년에는 마침내 리제, 오토 한, 슈트라스만 세 사람이 함

| 1959년 브린 모어 대학에서 리제와 학생들 | 베를린 훔볼트 대학에 서 있는 리제의 동상 |

께 핵분열을 발견한 업적으로 페르미상◆을 공동 수상했다. 1964년 심장 마비를 앓은 후 건강이 점점 나빠진 리제는 1968년 영국에서 89세의 나이로 조용히 눈을 감았고, 바람대로 영국의 작은 교회에 묻혔다. 함께 머리를 맞대고 핵분열의 원인을 생각해냈던 조카 프리쉬는 그녀의 묘비에 '리제 마이트너: 인간성을 절대 잃지 않았던 물리학자'라고 새겼다.

과학의 유용성을 강조하면 자연법칙을 이해하는 즐거움이 줄어든다고 생각한 리제는 평생 순수 과학의 아름다움을 추구했다. 여성이라서 학계에서 차별받고 학문적 성과를 제대로 인정받지 못한 안타까움이 있지만, 그녀는 '진리 탐구를 위한 전쟁'에 평생을 바친 용감한 투사였다.

◆　1955년부터 미국 정부에서 에너지의 개발, 사용, 생산에 관한 업적을 이룬 과학자에게 주는 상

핵분열 현상 살펴보기

리제 마이트너가 발견한 핵분열 현상을 그림으로 살펴보면 아래와 같다. 원자의 핵에 중성자가 부딪쳐 핵 안으로 흡수되면 핵은 마치 물방울이 둘로 갈라지듯이 분열한다.

물방울처럼 원자핵이 분열하는 과정

우라늄에 중성자 1개가 충돌하면 우라늄의 핵은 두 개의 원소(바륨과 크립톤)로 나뉘고 동시에 세 개의 중성자가 튀어나온다. 새로 만들어진 바륨(56)과 크립톤(36)의 양자수를 더하면 우라늄(92)의 원래 양자수와 같다. 핵분열 전에 중성자가 1개, 우라늄이 235개, 총 236개가 있던 전자도 핵분열 후에는 바륨 141개, 크립톤 92개, 새로 생긴 중성자 3개로 총 개수(236개)가 같다.

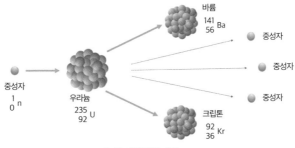

우라늄의 핵분열 과정

다만 핵분열 전 물질(중성자 1개, 우라늄 원소 1개)과 핵분열 후 물질(바륨 원소 1개, 크립톤 원소 1개, 중성자 3개)의 전체 질량을 재보면 핵분열 후에 아주 조금 줄어들었음을 알 수 있다. 이 질량을 아인슈타인의 공식에 대입하면 2억 전자볼트의 에너지로 변환된다. 리제는 오토 한과 슈트라스만의 실험 결과를 바탕으로 이 과정을 계산해 냈다.

08

문화인류학의
상징

마거릿 미드

Margaret Mead, 1901~1978

20세기 미국에서 가장 유명한 여성 학자, 전 세계적으로 수백만 부가 팔린 베스트셀러의 저자, 열정적으로 강연하는 명강사, 미국의 외교 정책과 법률 제정에 영향을 끼치는 문화 전문가, 그 시대의 중요한 이슈에 대해 과감하게 자기주장을 펼치는 사회운동가, 젊은이들과 교사들이 닮고 싶어 하는 모범, 미지의 세계에 용감히 뛰어든 모험가…, 무엇보다도 현장 연구를 통해 인간의 삶에 사회와 문화가 끼치는 영향을 밝힌 인류학자. 보통 사람은 평생 하나도 이루기 힘든 업적을 혼자서 다 해낸 마거릿 미드를 미국의 잡지 〈타임〉은 '세상의 어머니Mother to the World'라고 불렀다.

내성적이었던 어린 시절

. . .

마거릿 미드는 1901년 미국 필라델피아에서 태어났다. 아버지는 경영학을 가르치는 교수였고, 어머니는 학교 교사 출신으로 사회학을 공부하는 학자였다. 태어나서 얼마 안 돼 마거릿의 가족은 아버지의 직장이 있는 펜실베이니아로 이사했고, 마거릿은 11살까지 집에서 할머니의 보살핌을 받다가 학교를 다니기 시작했다. 마거릿의 할머니와 어머니 모두 직업을 가졌었기 때문에 마거릿도 전문적인 직업을 가질 것이라 기대했다.

19살이 된 마거릿은 드퍼 대학에 입학했다. 그런데 드퍼 대학의 학생들은 사교와 파티 모임을 중요하게 여겼고 마거릿은 이런 학교생활에 적응하지 못해 외톨이가 되었다. 결국 마거릿은 1년 만에 드퍼 대학을 그만두고 뉴욕의 바너드 대학으로 옮겨 심리학을 공부했다.

인류학에 눈을 뜨다

. . .

1918년 제1차 세계 대전이 끝나고, 1918년부터 1919년까지 전 세계를 휩쓸던 독감◆도 잦아들면서 세상은 다시 평온을 되찾았고, 미국은

◆   스페인 독감이라고도 불린다. 전 세계적으로 1,700만 명에서 5,000만 명이 죽었다.

평화와 번영을 누리기 시작했다. 마거릿
이 대학을 다니며 살던 뉴욕은 자유로운
사상과 새로운 문화가 싹트는 중심지로,
전통적인 규범에서 벗어나 마음 가는 대
로 자유롭게 살아가는 신세대의 주 무대
였다.

프란츠 보아스

　마거릿은 대학교 4학년 때 프란츠 보
아스 교수의 수업을 듣고 처음으로 '인류
학'을 알게 되었다. 보아스 교수는 환경에 따라 문화는 다르게 나타나며,
'문화 사이에는 더 우월하거나 열등한 것이 없다'는 '문화상대주의'를 주

인류학과 현지 조사

인류학Anthropology은 아주 오랜 옛날부터 현재까지 '인간'을 연구하는 학문 분야이
다. 화석이나 유골로 인류의 생물학적인 진화와 변이에 관해 연구하는 '생물인류학',
인간이 남긴 유물과 유적을 통해 과거의 문화를 연구하는 '고고학', 동시대 사람들과
그들의 문화적 특성과 변화를 연구하는 '문화인류학', 인간 의사소통의 역사 그리고
현재의 상태를 연구하는 '언어인류학'으로 나눠진다. 또한 사회 문제를 예방하고, 해
결하거나 정부가 정책의 목표를 세우고, 이를 달성하는 데 인류학 지식을 활용하는
'응용인류학'도 있다.
문화인류학자는 관심 대상인 사람과 문화가 있는 곳으로 직접 가서 현지의 언어를
배우고, 오랜 시간 동안 현지인들과 함께 살면서 일상생활에 참여하고 관찰한다. 이
를 '현지 조사'라 한다.

장했다. 당시에는 이런 생각을 하는 사람이 거의 없었다. 대부분 유럽의
문화가 아프리카나 아시아보다 우월하고 백인 문화가 흑인이나 아메리
카 인디언 문화보다 우월한 것이 당연하다고 생각했다.

마거릿은 보아스 교수의 주장에 감명받았다. 또 보아스 교수의 조교
였던 루스 베네딕트와도 친해졌다. 루스 베네딕트와 마거릿은 훗날 인
류학을 대표하는 여성 학자가 되었으며 평생을 친한 친구이자 동료로
지냈다. 마거릿은 보아스 교수의 모든 강의를 들었고, 보아스 교수와 루
스 베네딕트는 마거릿에게 인류학을 공부하도록 권했다. 버나드 대학을
졸업한 마거릿은 컬럼비아 대학 대학원에서 심리학으로 석사 학위를 받
은 후 인류학 박사 과정에 들어가 본격적인 인류학자로서의 경력을 쌓
기 시작했다.

사모아로 현지 조사를 떠나다
• • •

당시 미국의 인류학자들은 아메리카 대륙의 원주민인 인디언을 대상
으로 현지 조사를 주로 했다. 인디언들은 미국 정부에서 만들어 둔 보호
구역으로 강제로 옮겨져서 고유문화를 잃어가고 있었고, 인류학자들은
인디언 마을을 현지 조사해서 사라져가는 인디언 고유문화를 보존하는
데 힘을 기울였다. 하지만 보아스와 그의 제자들은 없어져 가는 문화의
재건보다는 현재의 문화가 어떻게 학습되고 전해지는지를 알고 싶었다.

여기에 적합한 지역 중 하나가 '사모아 제도'였다. 사모아 제도의 원주민들은 살던 곳에서 억지로 이주한 적이 없었으며 아직 선교사가 방문하거나 교회, 서구식 병원이 도입되지 않아 고유의 문화를 그대로 지니고 있었다.

마거릿은 남태평양의 작은 섬, 사모아로 현지 조사를 떠나기로 마음먹었다. 보아스 교수와 루스 베네딕트를 비롯한 동료들은 마거릿 혼자 현지 조사를 떠났다가 혹시 위험한 일을 겪을까 많은 걱정을 했지만, 마거릿은 뜻을 굽히지 않았고 1925년 여름 긴 여행길에 올랐다. 마거릿은 샌프란시스코에서 배를 타고 떠나 하와이에 잠시 머물며 그곳 박물관에서 사모아에 관해 공부한 후 다시 배에 올라 1925년 8월 하순, 사모아의 수도 '파고파고'에 도착했다.

젊은 여성이 혼자 도착하자 항구가 떠들썩해졌고, 미국 해군 사령부는 특별히 사모아인 간호사를 배치해서 마거릿이 현지 언어를 배우는 데 도움을 주었다. 마거릿은 원주민 청소년들의 문화와 생활을 연구하려고 했는데, 막상 직접 본 사모아는 생각하던 것과는 달랐다. 사모아 원주민들은 이미 기독교의 영향을 받았고, 자본주의의 풍요로움과 돈의 힘을 알고 있었다. 수도처럼 규모가 큰 마을은 서구 문명의 영향을 받았고, 아직 고유문화를 간직하고 있는 외진 마을은 인구가 너무 적어서 청소년이 몇 명 없었다. 다행히 마거릿은 파고파고에서 멀리 떨어진, 덜 서구화되고 충분한 수의 청소년이 있는 섬을 찾아내 그 곳으로 떠났다.

사모아에서의 현지 조사

. . .

현지 조사는 쉽지 않았다. 모기나 해충 등 벌레가 들끓고 말라리아 같은 전염병에 걸릴 위험이 있었을 뿐 아니라 더위와 습기에 견디기 힘들었다. 마거릿은 좌절감을 맛보기도 하고, 외로움과 향수병에 시달려서 몇 번이나 미국으로 돌아가려고도 했다. 게다가 원주민들이 마거릿을 귀한 손님으로 대접했기 때문에 원하는 대로 마을 청소년들과 쉽게 만나기도 어려웠다. 하지만 그녀는 포기하지 않았다. 우선 몇 주 동안은 사모아 말을 배우는 데 힘을 쏟았으며, 자신이 살던 집의 방 하나를 열어두고, 마을 사람들이 아무 때나 와서 놀 수 있도록 했다. 이곳으로 마을 청소년이나 아이들이 놀러 오자 마거릿은 그들과 자연스럽게 친해졌다. 5개월쯤 지난 다음부터 마거릿은 그 마을의 일부가 되어, 원주민의 눈으로 문화를 관찰할 수 있었다. 또한 친해진 마을 소녀들과 일대일로 개인적인 일을 이야기하고, 그 아이들을 대상으로 심리 검사를 했다. 마거릿은 9개월간의 현지 조사를 성공적으로 마치고 자료를 가지고 미국으로 돌아왔다.

현지 조사의 결과를 쓴 책이 베스트셀러가 되다

. . .

미국으로 돌아온 마거릿은 1926년 미국 자연사박물관의 큐레이터가 되었다. 또한 현지 조사에서 기록하고 연구한 자료를 정리해서 1928년 첫 번째 책《사모아의 청소년》을 펴냈다. 이 책은 사모아섬의 생소한 문화권을 생생하게 소개하고 있어서 흥미진진하고 읽기도 쉬웠다. 당대 유명인들도 이 책에 찬사를 보냈으며 책은 큰 성공을 거두었다. 마거릿은 인류학자들 사이에서뿐 아니라 대중들에게도 유명해졌다. 하지만 이 책을 비판하는 학자도 있었는데, 내용이 문학 작품 같고 군데군데 허

1928년 출간된 마거릿 미드의 첫 베스트셀러 《사모아의 청소년》표지

술한 점이 있다며 마거릿을 과학자가 아닌 소설가라고 비난했다. 일부 비난에도 불구하고 마거릿의《사모아의 청소년》은 그 후 16개 나라 언어로 번역되어 전 세계에 수백만 부가 팔렸고, 지금도 서점에서 찾아볼 수 있다.

학문적으로 수준이 떨어진다는 비난을 극복하기 위해 마거릿은 1930년 〈마누아의 사회구조〉라는 논문을 발표했다. 마거릿은 이 논문이 자기의 가장 중요한 학술적 업적이라고 생각했다.

계속되는 현지 조사와 집필

. . .

마거릿은 다음과 같은 순서로 현지 조사를 했다.

1. 다른 학자들이 찾아가지 않은 미 답사 지역 선정

2. 인류학적으로 가치가 있고 대중들도 흥미를 느낄만한 주제 선정

3. 학술 단체나 재단을 통해 조사 자금 지원받기

4. 현지에 정착한 후 언어 배우기

5. 안정적으로 편안하게 지낼 수 있는 장소 만들기

6. 현지 조사

조사를 마친 후에는 우선 결과를 정리해서 대중적인 책을 출판하고 그다음에 학술 서적이나 논문을 발표했다.

마거릿은 1928년부터 1929년까지 뉴기니 북쪽 애드미럴티 제도의 마누스섬에서 8개월간 머무르며 연구했고, 이 결과도 1930년 《뉴기니인의 성장》이라는 책과 1934년 〈애드미럴티 섬의 친족관계〉라는 논문으로 발표했다. 1930년에는 미국 오마하에서 잠시 머물며 인디언 부족 문화의 변화를 연구했다. 마거릿은 1931년부터 1933년 봄까지 호주 북쪽의 뉴기니섬에서 지냈다. 그녀와 동료 인류학자는 뉴기니에 살던 세 원시 부족을 돌며 현지 조사를 했고, 1936년부터 1938년까지는 인도네시아의 발리에 머물면서 발리인들의 삶을 연구하고 사진과 영상으로 남겼

다. 이후 제2차 세계 대전으로 한동안 현지 조사를 못 했지만, 1953년에는 과거 현지 조사지였던 마누스섬을 다시 찾기도 했다. 조사를 마치고 다음 조사를 준비하는 시기에도 마거릿은 쉬지 않고 책을 쓰고, 논문을 발표하고, 강의했다.

마거릿의 인류학 연구

• • •

마거릿은 심리학을 인류학 현지 조사에 도입했다. 그녀가 두 번째 현지 조사로 방문한 마누스섬의 페레 마을 원주민들은 바위와 같은 무생물이나 나뭇가지 같은 모든 자연물에 영혼이 깃들어 있다고 믿고 이를 숭배하는 신앙인 애니미즘을 가지고 있었다. 마거릿은 이 애니미즘이 언제부터 생겨난 것인지, 아이들이 처음부터 이런 믿음을 가지고 태어나는지 알고 싶었다.

마거릿은 페레 마을의 아이들에게 종이와 연필을 나누어 주고는 마음대로 그림을 그리게 했다. 만일 아이들이 애니미즘을 믿고 있다면, 그림에도 그 흔적이 드러나겠다고 생각한 것이다. 하지만 아이들은 물고기, 고깃배, 사람, 집 등을 그렸고, 마거릿은 애니미즘을 나타내는 그림을 발견하지 못했다. 이런 연구를 바탕으로 마거릿은 애니미즘과 같은 신념은 아이가 자라면서 받는 교육과 생활하면서 습득하는 문화의 영향이란 결론을 내렸다.

지도로 보는 마거릿의 현지 조사

남성과 여성의 차이

. . .

마거릿은 남성과 여성의 차이도 태어날 때부터 정해지는 것이 아니라 교육과 문화의 영향을 받은 결과라고 주장했다. 1931년 마거릿은 뉴기니섬에서 현장 조사를 했다. 당시 뉴기니섬의 내륙 지방에는 외부 사람이 한 번도 발을 디뎌보지 못한 울창한 밀림과 험한 산이 있었으며, 사나운 원시 부족이 습격하는 일도 발생했다. 여기에는 정부 관리가 없는 것은 물론, 상점이나 농장, 서양인도 찾아볼 수 없었기에 이전의 어떤 지역보다도 훨씬 위험하고 힘들었다. 뉴기니에서 마거릿은 '아라페시', '문더구모', '챔블리' 세 부족과 함께 생활하면서 현지 조사를 했다. 그런데 아라페시족은 남성과 여성 모두 서양에서 '여성적'이라고 생각하는 특징,

즉 상냥함, 온화함, 감성적인 모습을 보였다. 문더구모족은 반대로 남성과 여성 모두 폭력적이고, 독립적이며, 용기를 중요시하고 자기주장이 강한 '남성적'인 특징을 가지고 있었다. 챔블리 부족은 남성이 '여성적'인 특성을 보이고, 여성이 '남성적'인 특성을 보였다. 이처럼 한 섬 내의 부족이 저마다 다른 남성의 특징과 여성의 특징을 가지고 있다는 점을 바탕으로 마거릿은 생물학적으로 남성이냐 여성이냐에 따라 행동이 달라지지 않는다고 생각했다. 1930년대만 해도 대부분 사람이 남성의 특징과 여성의 특징은 날 때부터 정해져서 변하지 않는다고 믿었는데, 마거릿의 연구는 이 믿음을 뒤흔들었고 훗날 여성의 권리를 주장하는 운동의 뿌리가 되었다.

제2차 세계 대전과 국민성 연구
. . .

1939년 독일이 폴란드를 침공하면서 제2차 세계 대전이 발발했다. 미국은 유럽에서 일어난 전쟁에 관심이 없었으며 끼어들고 싶어 하지 않았다. 하지만 1941년 일본이 미국 영토인 하와이의 진주만 해군 기지를 기습 공격하면서 미국과 일본의 전쟁이 시작되었고, 일본의 동맹국인 독일이 미국에 선전포고하면서 미국도 제2차 세계 대전에 참전했다.

미국 정부는 각 분야의 과학자들을 모아 전쟁에 이기기 위한 연구를 했다. 마거릿과 루스 베네딕트를 비롯한 인류학자들은 정부의 연구위원회에서 같은 편 국가들끼리 어떻게 의사소통을 잘할 수 있는지, 비록 지금은 적국이라도 전쟁이 끝난 후 친구가 될 수 있는지 등을 알아내기 위해 각국의 문화를 연구했다. 전쟁 중이라 적국을 방문해서 연구하는 대신 그 나라 출신인 사람을 대상으로 개인적인 역사를 수집하고, 인터뷰와 심리 검사를 했으며, 책, 신문, 소설, 영화 등을 통해 그 나라의 문화와 역사를 분석했다. 이를 종합해서 한 국가의 사회, 문화, 규범의 일반적인 특징을 뽑아내는 '민족성' 연구를 했다. 미국 정부는 전쟁이 끝난 후 국제 질서를 다시 만들고 외교 정책을 세우는 데 이 연구를 적극적으로 활용했다. 민족성 연구는 2차 세계 대전이 끝난 후에도 계속되었고 마거릿은 러시아, 프랑스, 체코슬로바키아, 폴란드, 시리아 등에 관한 민족성 연구를 주도했다.

지난날을 되돌아보다

· · ·

1950년대 마거릿은 삶에서 중요한 개인적인 변화를 겪었다. 1948년 동료이자 친한 친구였던 루스 베네딕트가 세상을 떠났고, 1950년에는 뉴기니와 발리에서 함께 연구했던 남편과도 이혼했다.

1953년 마거릿은 마누스섬의 페레 마을을 다시 찾았다. 마누스섬에서는 제2차 세계 대전 중 미국과 일본 사이의 치열한 전투가 벌어졌다. 일본군이 먼저 마누스섬을 점령했고, 그 후 미국 해군이 다시 섬을 점령해 비행장을 지어서 전쟁 중 미군의 중요한 기지로 활용했다. 마거릿은 전쟁을 거치며 페레 마을에 어떤 변화가 일어났는지, 25년 전 만났던 소녀들이 어떻게 변했는지를 알고 싶었다.

예상은 했지만 페레 마을은 엄청나게 달라져 있었다. 산을 깎아내고 넓은 활주로가 들어섰으며, 미군 배와 비행기, 트럭이 쉴 새 없이 드나들며 엄청난 양의 물건을 날랐다. 서양식 학교와 마을 의회도 생겨났으며, 25년 전 만났던 갓난아이는 학교 선생님이 되어 있었다. 페레 마을의 문화도 달라졌다. 집, 옷, 가구 등은 몽땅 서양식으로 바뀌었고 전통적인 결혼 풍습도 사라졌으며 사람들은 가톨릭 성당에 다녔다. 그들은 전통적인 삶이 더 이상 가치가 없다고 판단하고 빠르게 새로운 삶을 받아들인 것이었다. 마거릿은 마누스섬에서 6개월 동안 머물다 미국으로 돌아왔고, 이 조사 결과를 1956년 《옛사람의 새로운 생활》이라는 책으로 펴냈다. 마거릿의 마지막 현지 조사였다.

공인으로서 다양한 활동을 하다
. . .

비록 현지 조사는 더 이상 하지 않았지만, 마거릿은 다양한 활동으로 바쁜 시간을 보냈다. 마거릿은 평생 수천여 점의 유물을 수집해서 박물관에 소장했으며 큐레이터로 일했던 경험을 살려 몇 차례 커다란 전시를 준비했다. 유명 신문과 잡지에 많은 글을 썼고, 대학이나 모임에서 강연도 빠지지 않았다. 학계에서도 자리를 잡아 1960년에는 미국 인류학회 회장이 되었고, 1970년 〈타임〉은 그녀를 '세계에서 가장 영향력 있는 100명' 중 한 명으로 꼽기도 했다.

마거릿의 강연이나 글은 인류학에 관한 것만이 아니었다. 인종 갈등, 아동 인권 보호, 가족 관계, 마약 남용, 세대 간 격차 해소, 환경오염 방지, 교육 정책과 같은 주제뿐 아니라 미국의 국제 정책, 핵무기 감축과 같은 문제에 관해서도 자기주장을 거리낌 없이 펼쳤다. 그녀는 당시의 유명한 여성 잡지 〈레드북〉에도 매달 글을 실었는데 '낙태 찬성', '동성애 금지 반대'와 같은 당시로서는 혁신적인 주장도 했다. 한편 마거릿은 여성의 주부 역할을 중요하게 생각하고, 남녀를 동등하게 취급하는 것과 남녀 공학에 반대하기도 했다. 만일 남녀를 동등하게 취급하면 오히려 가정주부나 어머니의 권리가 약해질 것을 걱정했기 때문이다.

인류학보다 더 유명한 인류학자
• • •

마거릿은 법안을 만들고 정책을 수립하는 일도 열심히 했다. 1976년에는 미국 보건교육 복지부 장관을 만나 정신건강 치료를 공부하는 학생을 지원하는 교육 프로그램을 되살렸다. 1978년 11월에는 병원에 입원한 채 미국 대통령 지미 카터에게 편지를 보내 여성, 유아, 어린이에게 음식을 무상으로 제공하는 법의 통과를 부탁했다. 그녀가 세상을 떠나

기 5일 전이었다.

마거릿은 1977년, 76세의 나이에도 컬럼비아 대학에서 세 과목을 강의할 정도로 정정했다. 하지만 췌장에 생긴 암이 급속히 번져 그다음 해인 1978년 77세로 세상을 떠났다. 그녀의 죽음에 전 세계가 애도를 표했다. 마누스섬의 페레 마을에서도 그녀를 기리는 행사가 벌어졌으며, 1979년 미국 대통령은 그녀의 공헌을 기려 민간인에게 주는 최고의 훈장인 '대통령 자유 훈장'을 수여했다.

마거릿은 발목이 약해 항상 부상에 시달렸고, 세 번의 이혼을 겪었으며, 말라리아와 각종 질병을 앓고 우울증으로 고생하면서 동료 학자들의 매서운 비난을 받기도 했다. 하지만 마거릿은 잠시도 쉬지 않고 활발하게 현지 조사를 하고, 책과 논문을 써냈다. 그녀가 쓴 책은 대중적인 인기를 얻어 인류학, 특히 '문화인류학'이 무엇인지를 많은 사람에게 알렸고, 논문으로는 자신의 전문성과 학술적 능력을 보였다. 또한 현지 조사에 그림 그리기, 지능 검사와 같은 심리학 연구 방법을 도입하고, 문화가 개인의 특성에 미치는 영향을 연구했으며, 전체 사회를 하나의 성격처럼 표현한 민족성 연구를 이끌었다. 마거릿은 우리 사회가 어떤 모습으로 가야 하는지에 관한 의견을 끊임없이 제시한 시대의 상징이었다.

1950년 마거릿과 만나 대화를 나눈 후 철학 대신 인류학 공부를 시작해서 유명한 인류학자가 된 클리퍼드 기어츠는 마거릿 미드에 관해 이렇게 이야기했다.

"무엇보다도 그녀가 존재했다는 사실이 나에게는 놀라움이자 기쁨이다."

루스 베네딕트, 마거릿 미드의 동료이자 동반자

미국 뉴욕 출신의 인류학자 루스 베네딕트는 마거릿 미드를 이야기할 때 빼놓을 수 없는 사람이다. 뛰어난 인류학자였던 루스 베네딕트는 2차 세계 대전 막바지에 미국 정부의 의뢰를 받아 일본 문화와 일본인의 행동방식에 관한 연구를 하고 그 결과를 담은 책《국화와 칼》로 세계적인 명성을 얻었다. 제2차 세계 대전의 적국이었던 일본의 사람들은 신분에 따라 한번 정해진 자기 위치를 넘어서려 하지 않는 위계질서와 계층제도를 신뢰했는데, 자유와 평등을 지향하는 미국인은 그들을 이해하기 어려웠

루스 베네딕트

다. 전쟁 중이라 일본에 직접 갈 수 없었던 루스는 미국에 살고 있던 일본인 이민자를 인터뷰하고, 영화, 서적, 다른 연구 결과 등을 종합해서 일본인을 연구했다. 루스는 일본인이 섬세한 아름다움을 추구하면서(국화), 잔인하게 상대를 해치는 야만성(칼)을 동시에 가지고 있다고 분석했다. 이 연구 결과는 2차 대전이 끝난 후 미국 정부가 일본을 어떻게 다룰지 정책을 만드는 데 큰 영향을 주었다. 《국화와 칼》은 오랫동안 일본을 이해하려는 사람은 반드시 읽어야 하는 책으로 자리 잡았고, 지금도 일본 문화를 분석한 훌륭한 연구 서적으로 인정받는다. 우리나라에도 번역된 책이 여럿 나와 있다.

· 09 ·

환경 운동의 어머니

레이첼 카슨

Rachel Carson, 1907~1964

1918년 여름, 11세의 시골 소녀 레이첼 카슨은 어린이 잡지에 자기가 쓴 이야기를 보냈다. 글이 잡지를 만드는 사람의 마음에 들면 다음 달 잡지에 실리기 때문에, 레이첼은 응모 후 혹시나 자기 글이 선택되었다는 소식이 올까 설레는 마음으로 편지를 기다렸다. 고대하던 편지가 도착하자마자 잔뜩 긴장해서 편지를 뜯어본 레이첼은 뛸 듯이 기뻐했다. 그녀의 글 '구름 속 싸움'이 2등으로 뽑혀 9월호에 실린다는 소식이었다. 레이첼의 첫 번째 목소리가 세상에 울려퍼졌다.

　1962년 8월 29일, 미국의 대통령 케네디는 기자들 앞에서 질문에 대답하고 있었다. 대법관의 사임, 핵무기 실험, 아시아와 아프리카의 외교 문제 등 복잡한 질문과 응답이 이어지던 끝에 한 기자가 질문했다.

　"대통령님, 과학자들 사이에 DDT나 다른 살충제의 광범위한 사용이 장기적으로 해로운 영향을 끼칠지 모른다는 염려가 늘어나고 있습니다.

레이첼 카슨을 언급하는 1962년 8월 29일 케네디 대통령의 기자 회견

정부에서 이 문제를 자세히 조사할 생각이 있는지요?"

케네디 대통령은 이렇게 답했다.

"네, 조사할 예정입니다. 칼슨 양의 이야기 때문이기도 하지만, 정부 부서에서 그 문제를 조사할 것입니다."

40여 년 전, 어린이 잡지에 글을 응모하고 초조하게 결과를 기다리던 소녀는 미국 대통령이 공식적인 자리에서 언급할 정도로 큰 목소리를 가지게 되었다. 전 세계에 자연과 환경이 인간에게 얼마나 중요한지를 알리는 목소리였다.

나무와 새를 사랑하고 바다를 꿈꾸던 소녀

. . .

레이첼 카슨은 1907년 피츠버그 외곽 스프링스 데일 근처의 작은 농장에서 태어났다. 레이첼은 조그만 이층집과 헛간, 닭장, 우물이 있는 작은 농장에서 살았는데 집에 수도가 없어서 음식을 만들려면 추운 겨울에도 우물에서 물을 길어와야 했고, 작은 석탄 난로 하나로 추위를 피하고는 했다. 보험판매원이었던 아버지가 일 때문에 자주 집을 비웠기에 레이첼은 주로 어머니와 함께 시간을 보냈다. 농장 주위에는 멋진 언덕과 숲, 들판과 강이 있었고, 레이첼과 어머니는 숲속과 강가를 돌아다니며 자연과 어우러져 살아가는 꽃과 나무, 곤충과 새를 만났다. 레이첼은 새와 자연을 친구로 삼은 얌전한 어린이였다.

레이첼은 학교에 빠지는 날이 많았다. 당시에는 병에 걸렸을 때 제대로 된 치료를 받지 못하고 어린이들이 목숨을 잃는 일이 잦았기 때문에 날씨가 험하거나, 레이첼의 몸이 좋지 않으면 어머니는 레이첼을 학교에 보내지 않았다. 학교에 가지 않는 날은 어머니가 직접 레이첼을 가르쳤고, 레이첼은 결석은 많이 했지만 학교 성적은 좋았다.

어린 작가

· · ·

레이첼은 어려서부터 책 읽기를 좋아했고, 스스로 재미있는 이야기를 잘 만들었다. 당시 어린이들 사이에는 〈성 니콜라우스 잡지◆〉가 최고 인기였다. 이 잡지에는 어린이 독자의 글이나 그림, 사진 선정해 상을 주고 잡지에 실어주는 '성 니콜라우스 리그'라는 코너가 있었다. 1등에게는 금배지, 2등에게는 은 배지를 주고, 금배지와 은 배지를 모두 받은 아이

◆　1873년부터 발행된 미국에서 가장 인기 있었던 월간 아동 잡지. 1940년까지 발간되었다.

에게는 상금을 주었다. 레이첼은 11살 때 처음 2등으로 당선되어 잡지에 글을 실었고, 그 후에도 계속 글을 써서 1919년에는 마침내 1등에 당선되었다. 1등과 2등을 모두 차지한 레이첼에게 잡지사에는 상금 10달러를 보내주었다. 지금 우리나라 돈으로 따지자면 20만 원에 해당하는 상금은 12살 소녀에게 꽤 큰 돈이었다. 이렇게 레이첼은 처음으로 글을 써서 돈을 버는 경험을 했다. 그 해 말까지 레이첼의 글 4편이 성 니콜라우스 잡지에 실렸는데, 미국의 유명한 작가 중에도 이 잡지에 처음으로 글을 실은 사람이 많다. 1921년에는 성 니콜라우스 출판사에서 그녀가 쓴 수필 일부를 광고로 사용하려고 사 가기도 했다.

대학에서 생물학과 만나다
. . .

1926년 레이첼은 펜실베이니아 여자 대학에 입학했다. 이전보다 대학 교육을 받은 여성이 늘었지만 졸업 후 의사, 변호사, 과학자 같은 전문 직업을 갖는 일은 매우 드물었다. 대부분 사람은 여성이 대학에 다니는 것은 장래 좋은 가정주부와 어머니가 되기 위한 준비라고 생각했다. 레이첼의 집은 살림이 어려웠다. 당시 1년 대학 등록금은 약 1,000달러였는데 레이첼은 장학금으로 200달러를 받았다. 나머지는 레이첼의 가능성을 크게 평가한 대학 총장과 유력 인사들이 지원했다. 이렇게 등록금은 해결되었지만 생활비는 여전히 부족하여 레이첼은 아르바이트를 하려고 했다. 딸이 공부에만 전념하기만 바랐던 어머니는 레이첼이 아르바이트하는 것을 말리고 생활비를 보냈다.

작가가 되고 싶었던 레이첼은 대학에서 영문학을 전공했고, 학교 신문과 문예지에 부지런히 글을 발표했다. 그런데 펜실베이니아 여자 대학에서는 모든 학생이 의무적으로 1년 동안 과학 수업을 들어야 했다. 레이첼은 2학년이 되어 두 학기 동안 생물학 수업을 들었고, 생물학 교수 메리 스킨커를 만났다. 메리 스킨커 교수는 매우 열성적인 선생이었다. 수업 중에는 산이나 강으로 나가 각종 생물을 관찰하는 실습이 있었는데, 이 수업은 레이첼에게 어릴 때 기억을 되살려주었다.

레이첼은 열심히 생물학을 공부했고, 수업이 끝난 후에도 남아서 궁금한 것을 물어보고는 했다. 생물학에 푹 빠진 레이첼은 생물학을 부전공으로 삼았다. 레이첼은 특히 한 번도 가보지 못한 바다와 바다에 사는 생물에 호기심을 가졌고 동물과 유전에 관한 연구에 관심이 많았다. 대학을 졸업한 레이첼은 스킨커 교수의 권유에 따라 1929년 존스 홉킨스 대학 생물학과 대학원에 들어가 동물학을 공부했다.

어려워진 집안 살림으로 공무원이 되다

레이첼은 계속 동물학을 공부하고 싶었지만, 어려운 집안 형편이 문제였다. 1929년부터 미국은 심각한 경제 위기♦를 겪었다. 큰 회사들이 하루아침에 문을 닫았고, 수많은 사람이 직장을 잃고 실업자가 되었다. 가뜩이나 형편이 넉넉지 않던 레이첼 가족도 심각한 위기를 겪었다. 아버지는 더 이상 일할 수 없을 만큼 건강이 나빠졌고, 어머니도 피아노 교사 자리를 찾을 수 없었다.

집안에서 일할 수 있는 사람은 레이첼밖에 없었다. 레이첼은 더 이상 공부하기를 단념하고 직업을 구하려고 노력했다. 처음에는 영어 교사가 되려고 했지만 실패했고, 그동안 썼던 글을 고쳐서 출판사에 팔아 보려고도 했지만 아무도 사주지 않았다. 1935년에는 아버지가 돌아가셔서 어머니의 고향에서 장례식을 치렀는데, 레이첼과 형제들은 여행 경비가 없어 참석하지 못할 지경이었다.

그해 초 스킨커 교수의 추천으로 레이첼은 미국 어업청에 임시직으로 들어갔다. 당시 어업청의 과장이었던 에밀 히긴스는 과학적 사실을 글로 잘 풀어 쓸 수 있는 사람이 필요했다. 몇 달 동안 레이첼은 어업청에서 정기적으로 방송하는 교육 방송의 원고, 신문이나 잡지에 기고하는 기사, 어업청을 소개하는 자료 등을 작성했다. 히긴스는 레이첼의 솜씨가 마음에 꼭 들었고, 능력을 증명한 레이첼은 8월부터 정식 공무원이 되었다. 공무원으로 연봉 2,000달러(오늘날 우리 돈으로 약 5천만 원)를 받게 된 레이첼은 가까스로 가족을 부양할 수 있게 되었다.

레이첼은 업무에서 능력을 보여 책임자 자리까지 올랐지만 개인적으

◆ 대공황, 미국 역사상 가장 길고 심각한 경제 위기로 1929년부터 1939년까지 지속되었다.

로는 비극이 계속되었다. 1937년, 레이첼의 언니 마리안이 두 딸을 남기고 세상을 떠난 것이다. 레이첼은 직장 근처에 집을 구하고 어머니와 언니의 딸인 두 명의 조카를 데려와 뒷바라지했다. 아직 20대였지만 레이첼은 한 집안의 가장이었다.

바다에 관한 책을 쓰다

. . .

레이첼은 공무원으로 일하면서 해양 생물학을 꾸준히 공부하고 자료를 수집했다. 이 자료를 바탕으로 그녀는 바다와 바다 생물에 관한 글을 써서 신문이나 잡지에 실었다. 1941년 레이첼은 그동안 틈틈이 썼던 글을 모아 첫 번째 책《바닷바람 아래서》를 펴냈다. 이 책은 대서양 해안과 바다에 사는 생물이 어떻게 살아가는지를 묘사하는데, 바닷가에 사는 새인 주인공으로 나온다. 이 책은 좋은 평가를 받았지만, 많이 팔리지는 않았다.

10년 후인 1951년 레이첼은《우리를 둘러싼 바다》라는 책에서 바다가 어떻게 탄생했고, 지구와 달, 그리고 태양의 움직임에 따라 어떻게 변하는지, 바다가 인류에게 얼마나 많은 풍요로운 선물을 주는지를 이야기했다. 이 책은 많은 사람의 사랑을 받아 미국에서 베스트셀러가 되었을 뿐 아니라 28개국 언어로 번역되어 전 세계에 팔려나갔다. 우리나라에서도 번역서를 쉽게 찾아볼 수 있다. 그뿐만 아니라 책의 내용을 다큐멘

터리 영화로 만든 작품은 1953년 아카데미상을 받았다. 레이첼은 이 책으로 여러 상도 받으며 명성을 얻었고 경제적으로도 여유가 생겼다.

1952년부터 레이첼은 공무원을 그만두고 자연의 아름다움과 경이로움을 밝히는 글을 쓰는 작가로 새롭게 출발했다. 1957년에는 바닷가에서 사는 생물의 생태계를 묘사하는 《바다의 가장자리》를 펴냈다. 《바닷바람 아래서》, 《우리를 둘러싼 바다》, 《바다의 가장자리》를 레이첼 카슨의 '바다 삼부작'이라고 부른다.

세상을 바꿀 새로운 책

. . .

레이첼은 1945년부터 환경 문제에 관심을 가지고, 경제 발전이 자연환경에 미치는 영향을 조사하기 시작했다. 1940년대부터 미국에서는 곡물에 해를 끼치는 곤충을 죽이는 살충제 사용이 크게 늘었는데, 미국 정부에서도 살충제 사용을 장려했다. 레이첼은 살충제가 환경에 어떤 영향을 미치는지 오랫동안 조사했다. 살충제가 사람에게 해를 끼친다는 증거를 수집하고, 공무원 시절 잘 알고 지내던 생물학자들의 협력을 받아 자신의 증거가 과학적으로 올바른지도 검증했다.

레이첼은 조사 결과를 바탕으로 자연환경의 조화가 깨지면 인간이 고통받는 암담한 미래가 펼쳐진다는 내용의 책 《조용한 봄》을 준비했다. 또한 이 책에서는 커다란 회사들이 자기에게 유리한 과학 연구만 골라서 지원하는 것과 부작용에 눈을 감는 정부 기관을 비난했다. 《조용한 봄》은 책으로 나오기 전 1962년 6월부터 〈뉴요커〉라는 이름난 잡지에 3회에 걸쳐 연재되었고, 같은 해 9월 책으로 출판되었다. 《조용한 봄》이 출간되고 세상이 떠들썩해졌다.

살충제의 위험

. . .

당시 살충제로 가장 유명한 것은 'DDT'였다. DDT는 1874년 처음 만들어졌는데 1939년 스위스의 화학자 파울 밀러가 살충제로 사용하는 방법을 찾아내고 1942년 대량 생산에 성공했다. 밀러는 이 업적으로 1948년 노벨 화학상을 받았다. 살충제를 사용해서 해충을 죽이면 농작물 생산량이 늘어났다. 화학회사는

DDT 살충제

DDT를 엄청나게 생산했고, 농부들은 DDT를 아낌없이 뿌렸으며, 나무에 사는 해충을 없애기 위해 비행기를 이용해 살충제를 넓은 숲과 산에 뿌려대기도 했다. 그뿐만 아니라 전쟁 중에는 이나 벼룩과 같은 해충을 죽이기 위해 군인, 피난민, 전쟁 포로의 몸에 직접 DDT 가루를 뿌리기도 했다. 미국에서는 1947년에 약 5만 6천 톤의 DDT를 만들었는데

1960년에는 그 다섯 배쯤 되는 약 29만 톤을 생산했고, 판매 금액은 지금의 가치로 하면 수조 원이 넘었다.

하지만 DDT는 소화기관이나 호흡기관을 통해 인체에 천천히 흡수되어 오랫동안 쌓이면 암을 유발하는 등 건강을 해쳤다. 또한 DDT는 먹이 사슬을 통해 다른 생명체로 전달되었는데 DDT가 뿌려진 풀을 먹은 닭이 낳은 알이나, 소의 우유에도 DDT가 포함되어 있었으며, 인체에 쌓인 DDT는 임신 중에는 태반을 통해 태아에게 전해지고, 어머니의 젖을 통해 젖먹이에게도 전해졌다.

DDT보다 더 끔찍한 피해를 주는 살충제도 있었다. '클로르데인'은 피부를 통해 사람에게 흡수되는데 몸속에 남아 있다가 몇 개월 또는 몇 년 후 갑자기 간과 소화기, 신경 계통을 망가트렸다. 또한 클로르데인을 살포하다가, 혹은 담았던 그릇을 만졌다가 중독되어 사망하는 사람도 있었다. 결국 클로르데인은 1988년 이후 사용이 금지되었다.

'파라티온'이라는 물질도 독성이 강해서, 파라티온을 담았던 봉투를 만진 아이와 파라티온을 뿌린 감자밭에서 놀던 아이가 죽는 일도 생겼다. 파라티온은 독성 물질로 분류되어 현재는 특별히 훈련된 사람이 실험과 같은 목적으로만 사용할 수 있다.

레이첼은 '살충'이란 바로 '살생물'이며 그대로 놔두면 끔찍한 미래가 펼쳐질 것이라 경고했다.

"어느 날 낯선 병이 이 지역을 뒤덮어버리더니 모든 것이 변하기 시작했다. (중략) 닭들은 이상한 질병에 걸렸다. 소 떼와 양 떼가 병에 걸려 시름시름 앓다가 죽고 말았다. 마을 곳곳에 죽음의 그림자가 드리워진 듯했다. 농부들의 가족도 앓아누웠다. (중략) 갑작스러운 죽음이 곳곳에서 보고되었다. 이런 일은 어른들에게만 국한된 일이 아니어서 잘 놀던 어린아이들이 갑자기 고통을 호소하다가 몇 시간 만에 사망하는 일도 벌어졌다. (중략) 이 땅에 새로운 생명 탄생을 가로막은 것은 사악한 마술도, 악독한 적의 공격도 아니었다. 사람들이 스스로 저지른 일이었다."

—《침묵의 봄》(레이첼 카슨 저, 김은령 옮김, 에코리브르, 2011) 중에서

그녀는 이 책에서 기술의 발전으로 모든 문제를 해결할 수 있다는 믿음이 잘못되었음을 보이고 인류에게 마지막으로 남아있는 자연의 기능을 파괴하는 화학 살충제의 사용을 중지하라고 외쳤다.

《침묵의 봄》이 불러온 파문
. . .

레이첼의 책이 나오자 제일 먼저 반응을 보인 것은 살충제를 생산하는 대형 화학회사였다. 이들에게 살충제는 매년 수조 원을 벌어들이는 큰 시장이었다. 이들은 레이첼이 부정확한 사실을 퍼트렸다고 비난하면서 그녀를 고소하겠다고 위협했다. 또한 〈뉴요커〉 잡지와 《침묵의 봄》을 펴

낸 출판사에도 소송을 걸겠다고 했다. 하지만 레이첼이 책에 쓴 내용은 과학적으로 근거가 있는 사실이었기 때문에 결국 고소하지는 못했다.

그러자 다른 방식의 공격이 계속되었다. 화학회사의 입장을 지지하는 사람들은 레이첼을 우스꽝스러운 인물로 만들려고 했다. 어떤 사람은 레이첼이 자본주의에 반대하고 공산주의 사상을 지지한다고까지 몰아붙였다. 이들은 "우리는 새와 동물 없이는 살 수 있지만, '사업' 없이는 살 수 없다"라고 이야기했다. 결혼하지 않고 조카의 아들을 입양한 레이첼의 사생활까지 트집을 잡았다. 화학회사에서 연구비를 지원받은 유명 대학의 교수들이 그녀의 책은 비과학적인 엉터리라고 비난했고, 레이첼이 과학자라기보다는 예술가라서 과학적 사실을 다룰 자격이 없다고 주장했다. 그러나 책에 담긴 진실이 분명했기에 레이첼은 공격을 견뎌낼 수 있었고, 레이첼이 굳세게 버텨내자 흐름이 달라지기 시작했다. 레이첼의 책은 미국에서만 일주일 만에 10만 부 이상이 팔렸고, 국제적인 베스트셀러가 되어 환경에 관한 세계적인 관심을 불렀다.

흐름이 바뀌다

• • •

케네디 대통령이 기자회견에서 레이첼의 의견을 공식적으로 인정한 다음 날, 미국 정부는 대통령 직속으로 특별위원회를 만들어 살충제 문제를 전체적으로 다시 검토하기 시작했다. 레이첼은 여기에 증인으로 출석해서 자기 생각을 설명했다.

1963년 4월 3일, 미국의 대형 방송국 CBS에서는 〈레이첼 카슨의 고요한 봄〉이라는 제목의 특집 프로그램을 만들어 TV로 방송했다. 수백만 명이 특집 프로그램을 시청했고 큰 반향이 일어났다. 살충제의 위험성을 걱정하고 정부가 제대로 대응할 것을 요구하는 수많은 전화와 편지가 방송국과 출판사로 쏟아졌고, 하루아침에 '환경'이 미국 사회에서 가장 중요한 문제가 되었다. 이제 사람들은 살충제의 위험을 깨달았을 뿐 아니라 과학자들이 화학회사로부터 연구비를 지원받아 화학회사에 유리한 방향으로 연구하고, 화학회사 출신이 정부 환경 관련 부서에 공무원으로 들어가고, 정부의 정책이 화학회사가 주도한 연구에 따라 영향을 받는다는 사실도 알게 되었다.

방송 다음 날 미국 상원의원은 미 의회에서 환경위험을 따져보겠다고 선언했고, 1963년 5월 15일 대통령 특별위원회는 레이첼의 주장이 반영된 결과를 발표했다. 레이첼은 자기 글을 통해 대중에게 살충제의 위험을 경고하고, 정부에서 이 문제를 해결하는 데 직접 나서게 한 것이다.

환경의 중요성을 소리 내어 외친 자연의 수녀

• • •

레이첼은 사방에서 몰려드는 강연 요청에 정신없이 바빴다. 하지만 그녀의 유명세가 절정에 이르던 때, 그녀의 건강은 나빠져 가고 있었다.

레이첼 카슨

암이 온몸에 퍼졌고, 암을 방사능으로 치료하다가 빈혈이 생겼다. 결국 레이첼은 1964년 4월 숨을 거두었다.《고요한 봄》이 세상에 나온 지 채 2년이 지나지 않아서였다. 환경 보호 위원회 소속 상원의원은 "모든 인류가 그녀에게 빚을 졌다"라고 추모했고, 사람들은 레이첼을 '성녀 레이첼' 또는 '자연의 수녀'라고 불렀다.

레이첼이 세상을 뜬 후에도 환경 문제를 개선하기 위한 노력은 계속되어 1969년 미국은 환경 보호를 위한 법률을 만들었고, 1972년에는 DDT 사용을 금지했다. 1999년 〈타임〉은 그녀를 '20세기에 인류에게 가장 큰 영향력을 끼친 인물 100명' 중 한 명으로 꼽았다. 2007년에는 레이첼의 탄생 100주년을 맞아 지구의 날◆에 기념행사를 열었다.

그녀가 세상을 떠난 지 오랜 시간이 흘렀지만, 아직도 환경 문제는 해결되지 않고 인류는 오히려 더 심각한 문제에 직면하고 있다. 그래도 전 세계의 많은 사람이 레이첼 카슨의 뜻을 이어받아 환경을 잘 보존하고 자연과 인류가 공존할 수 있도록 지금도 노력한다.

◆　매년 4월 22일. 1970년부터 환경 보호에 관한 뜻을 보여주기 위한 기념식과 다양한 행사를 진행한다.

과연 살충제는 인류에게 해롭기만 한가?

레이첼 카슨의 책 《침묵의 봄》이 출판된 지 50년이 넘었지만 레이첼의 주장에 대한 공격은 여전히 끊이지 않고 있다. 《쥬라기 공원》의 작가로 유명한 미국의 소설가 마이클 크라이튼은 DDT를 사용하지 못해 모기가 극성을 부리고, 모기가 퍼트리는 말라리아◆로 인한 사망자가 히틀러와 스탈린의 전쟁과 폭정 때문에 목숨을 잃은 사람보다 많다면서 레이첼 카슨이 《침묵의 봄》에서 잘못된 경고를 발했다고 비난했다. 또한 다른 과학자는 화학약품을 사용해서 농작물의 생산이 늘어나면 오히려 많은 농지를 개발하지 않아도 되기에 자연이 파괴되지 않고 보존될 수 있다고 이야기한다. 이들은 살충제가 농작물 생산의 증가, 가축 전염병의 예방, 말라리아의 예방 등으로 인류와 환경에 긍정적이라고 주장한다. 레이첼 카슨도 살충제를 무조건 사용하지 말자고 한 것이 아니라 화학물질의 해독을 알지 못한 채 남용하는 것을 경고하고, 무지막지한 인간의 자연 파괴를 비난한 것이다. 어느 정도로 화학물질을 사용해야 인류와 자연 모두가 살아남는 길이 될지는 여전히 우리가 찾아야 하는 해답이다.

◆   한자로는 '학질'이라고 하는데, 모기를 통해 전파되는 급성 열성 감염증으로 21세기에 들어서도 위험한 질병이다.

X선으로 밝혀낸
DNA 구조

로절린드 프랭클린

Rosalind Franklin, 1920~1958

1차 세계 대전이 끝나고 세상을 휩쓸던 스페인 독감도 잦아든 1920년, 마리 퀴리는 프랑스의 라듐 연구소에서 순수한 라듐을 정제하는 데 힘을 쓰고 있었고, 리제 마이트너는 베를린 카이저 빌헬름 연구소에서 방사능 원소 연구에 몰두했다. 마거릿 미드는 뉴욕으로 옮겨 대학 생활을 막 시작했고, 초등학생 레이첼 카슨은 스프링데일 농장에서 한창 글을 쓰던 중이었다. 그리고 7월, 영국 런던에서 로절린드 프랭클린이 태어났다.

걱정스러울 만큼 똑똑한 소녀

· · ·

로절린드 프랭클린은 유대인 가정에서 태어났다. 프랭클린 집안은 오래전에 영국에 자리 잡은 상류층 유대인으로 대대로 출판업과 은행업에 종사했고, 친척 중에는 장관이나 해외 식민지 총독 등 고위 관료도 있었다. 로절린드는 호기심 많고 똑똑한 아이였다. 1926년 여섯 살이었던 로절린드와 휴가를 같이 보냈던 고모 메이미는 그녀를 '걱정스러울 만큼 똑똑한 아이'라고 표현했다. 그때만 해도 여성의 사회 진출은 쉽지 않았다. 의사, 변호사와 같은 전문직은 남성의 직업으로 여겨졌고, 똑똑하고 교육을 잘 받은 여성도 전문가로 성공하기 힘들었다. 그래서 자기 뜻을 펼치지 못하고, 그저 착한 가정주부가 되라는 가족과 사회의 압력 때문에 불행해지는 똑똑한 여성들이 있었다. 메이미는 이런 점을 알고 있었기에 로절린드를 걱정한 것이다.

로절린드는 6살에 유명한 사립학교에 들어가 역사, 문학, 수학의 기초를 배웠다. 11살이 되어서는 런던의 세인트 폴 여학교에 입학했는데, 그곳은 당시로는 드물게 여학교이면서도 과학을 중요하게 가르쳤고, 여성도 훌륭한 성취를 이룰 수 있다고 독려했다. 로절린드는 세인트 폴 여학교에 다니는 것을 매우 자랑스럽게 생각했고 지리학, 수학, 라틴어, 프랑스어 등을 열심히 공부해서 뛰어난 성적을 얻었다. 상도 많이 받았는데, 한번은 상

런던 세인트 폴 여학교

품으로 《과학의 새로운 길》이라는 책을 받았다. 이 책에는 원자보다 작은 물질에 관한 여러 가지 이론이 실려 있었는데 로절린드는 이 책을 읽고 크게 감동했고, 장차 과학자가 되기로 마음먹었다.

케임브리지 대학에 입학하다

. . .

1938년 로절린드는 케임브리지 대학교의 뉴넘 칼리지에 입학했다.◆ 케임브리지 대학교는 여성의 입학을 허용하기는 했지만, 그때까지만 해도 여성을 대학교의 정식 구성원으로 인정하지 않았다. 대학을 졸업할 때도 여성은 '디그리 티툴라'라는 일종의 명예 학위를 받았다. 그러나 강

로절린드 프랭클린 (미국 국립과학도서관)

◆   영국의 유명 대학교에는 '칼리지'라는 독특한 제도가 있다. 같은 칼리지의 학생은 기숙사, 식당, 도서관 등을 함께 이용하고 수업은 다른 칼리지와 함께 듣는다. 케임브리지 대학교에는 모두 31개의 칼리지가 있는데 칼리지 별로 신입생을 뽑는다.

의와 모임은 여학생에게도 모두 열려 있었다.

　로절린드는 물리화학◆을 전공했다. 케임브리지 대학에는 빛을 이용해서 물질의 특징을 밝히는 학문인 '분광학'의 대가 윌리엄 프라이스 교수가 있었는데, 로절린드는 특히 이 분야에 푹 빠졌다. 로절린드는 전쟁을 피해 영국에 온 프랑스 출신 과학자 아드리엔 웨일의 수업도 들었다. 마리 퀴리의 제자였던 아드리엔은 과학과 정치에 관해 로절린드에게 많은 이야기를 해 주었으며, 두 사람은 금방 친해졌다.

전쟁을 겪으며

． ． ．

　1941년 케임브리지 대학을 졸업한 후 로절린드는 뉴넘 칼리지에서 로널드 노리시 교수의 지도를 받으며 분광학을 더 깊이 공부했다. 1942년에는 영국 석탄 이용 협회의 연구원이 되어 석탄의 구조를 분석하는 연구를 했다. 석탄은 가스를 잘 흡수했기 때문에, 전쟁터에서 사용하는 방독면의 필수 원료였다.

　로절린드는 압력과 온도에 따라 석탄의 분자 구조가 어떻게 변하는지, 어떤 종류의 석탄이 에너지원으로 유용한지를 연구했다. 그녀는 어떤 석탄은 석탄 안의 작은 구멍을 통해 헬륨과 같은 기체가 통과할 수

◆　화학 현상을 질량·운동·열·전기·복사와 같은 물질의 물리적 성질로 해석하는 학문

있고, 다른 석탄은 구조가 복잡해서 통과할 수 없지만, 열을 가하면 이 구멍이 작아져 아무것도 통과할 수 없다는 사실을 알아냈다. 석탄의 미세 구조를 정확히 밝힌 것이다. 로절린드의 연구는 훗날 가볍고 튼튼한 탄소 섬유를 만드는 바탕이 되었다.

로절린드가 대학을 졸업할 무렵 제2차 세계 대전은 점점 치열해졌고, 독일 비행기가 영국을 밤낮으로 폭격했다. 로절린드는 연구소에서 일하지 않을 때는 방공 감시원으로 봉사했다. 방공 감시원은 독일군이 폭격하기 전에 시민들을 안전한 곳으로 대피시키거나, 동네 사람들이 밤에 불을 제대로 껐는지 확인하는 일을 했다. 로절린드는 공습경보가 울려도 겁내지 않고 사람을 구하러 다녔다.

프랑스로 건너가다

• • •

1945년 영국과 연합국이 결국 전쟁에서 승리를 거두었고, 로절린드는 그해 케임브리지 대학교에서 박사 학위를 받았다. 로절린드는 대학에서 친하게 지냈던 아드리엔에게 자신이 일한 만한 곳을 알아봐 달라고 부탁했다. 아드리엔의 소개를 받아 로절린드는 프랑스 파리의 국립화학연구소에 있던 자크 메링과 함께 일하게 되었다.

프랑스 국립 화학 연구소는 전쟁 때는 화약과 같은 전쟁 물자를 개발했고 전쟁이 끝난 후에는 산업에 필요한 기술을 연구하고 있었다. 자크 메링은 새롭게 떠오르는 분야인 'X선 결정학'의 실력자였다.

로절린드는 메링에게서 탄소와 진흙 같은 물질의 내부 구조를 X선 결정법으로 알아내는 방법을 배웠다. 이 연구소에서 그녀는 열을 가하면 흑연으로 변하는 탄소와 변하지 않는 탄소의 근본적인 차이를 자세히 밝혔다. 특히 열을 가해도 흑연으로 변하지 않는 탄소는 산업적으로 활용될 가능성이 커서 관심을 끌었다. 로절린드는 각국의 학자들이 모이는 회의에서 연구 결과를 정리한 논문을 발표했고 국제적으로도 제법 이름이 알려졌다.

비록 일하는 시간은 길었고, 사는 집도 변변치 않았으며 월급도 적었지만, 로절린드는 즐겁게 연구했다. 새로운 친구도 사귀어 휴일에는 같이 하이킹과 등산을 하러 다니며 행복한 시간을 보냈다. 하지만 로절린드는 평생 프랑스에 머물 생각은 없었다.

영국으로 돌아오다

. . .

마침 킹스 칼리지에서 X선 결정학 기술을 생물학에 적용하기 위해 전문가를 구하고 있었다. 로절린드는 이전까지 석탄과 같은 무기물을 연구했기에 생물물리학은 잘 몰랐지만 용감하게 도전했고, 1951년부터 킹스 칼리지의 존 랜달 교수 아래에서 연구원으로 일을 시작했다.

랜달 교수는 로절린드에게 세포 안에 있는 유전물질을 X선 회절법을 사용해서 분석해 달라고 요청했고, 박사 과정 학생인 레이몬드 고슬링이 조수로서 그녀를 도왔다. 킹스 칼리지의 연구실에 도착하자마자 로절린드는 우선 실험 기구를 점검하고 없는 장비를 구입했다. X선 발생기와 고성능 마이크로 카메라가 준비되자 로절린드는 새로운 실험에 뛰어들었다.

DNA의 구조 연구

. . .

1944년 캐나다의 오즈월드 에이버리가 유전자가 세포핵의 염색체 안에 있는 DNA에 담겨 있다는 사실을 증명한 이후, 과학자들은 DNA의 특성을 연구하기 시작했다. 그중에서도 DNA의 구조를 밝히는 것은 모든 생물물리학자에게 중요한 문제였고, 이를 밝히는 데 사용하는 주된 방법이 X선 결정학이었다.

모리스 윌킨스

연구실에는 몇 년 전부터 랜달과 함께 DNA 구조를 연구하고 있던 모리스 윌킨스가 있었다. 로절린드와 윌킨스는 처음에는 서로 협력하며 연구를 시작했지만 오래되지 않아 사이가 멀어졌다. 윌킨스는 로절린드가 자기만 생각하는 고집 센 사람으로, 생물물리학을 잘 모른다고 생각했다. 로절린드도 윌킨스의 능력을 믿지 않고 존경하지 않았다. 또 윌킨스는 내성적이고 얌전했던 데 비해 로절린드는 자기 할 말을 거리낌 없이 다 하는 스타일이었기 때문에 성격도 잘 맞지 않았다. 결국 두 사람은 서로 데면데면하게 지내면서 자기 연구에만 집중했다.

DNA 사진을 찍다

. . .

로절린드는 고슬링과 함께 실험 방식을 개선하면서 DNA 사진을 찍었다. 그녀는 수분이 없는 결정 구조를 가진 A형과, 물 분자가 DNA와 결합한 B형으로 구분된다는 것을 알아냈는데, 수분을 포함한 DNA는 사진으로 찍기 쉬웠다.

로절린드와 고슬링은 수분의 정도를 조절하고, 소금물 용액을 통해 수소를 주입하는 등 DNA의 구조를 촬영하기 위한 최적의 조건을 찾기 위해 노력했고 마침내 '51번 사진'이라고 알려진 깨끗한 DNA 사진을 얻었다. 그렇지만 로절린드는 수학적으로

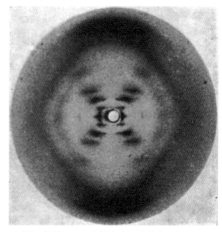

로절린드가 찍은 DNA 사진, 일명 '51번 사진'

완벽한 계산이 끝나기 전까지는 DNA 구조 모형을 만드는 것에 반대했기에 사진과 실험 결과를 공식적으로 발표하지 않고 있었다. 게다가 로절린드는 윌킨스와의 사이가 나빠지고 킹스 칼리지에 불만이 많아져 다른 곳으로 옮길 준비를 하고 있었다.

DNA 이중 나선 구조를 발견한 왓슨과 크릭

· · ·

윌킨스와 로절린드에게는 강력한 경쟁자가 있었다. 케임브리지 대학 캐번디시 연구소에서 생물학을 연구하던 프랜시스 크릭과 1951년 합류한 미국 출신의 생물학자 제임스 왓슨도 팀을 이뤄 DNA 구조를 연구하고 있었다. 이들은 DNA가 '이중 나선 구조'로 되어 있다는 모형을 구상

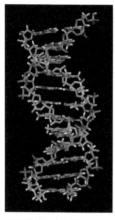

해서 1953년 2월 28일 모형을 완성하고, 4월 25일 〈네이처〉에 〈DNA의 구조〉라는 짧은 논문을 발표했다. 왓슨과 크릭의 모형은 당과 인산으로 만들어진 두 개의 뼈대가 나선 모양으로 꼬여있으며, 두 나선의 안쪽은 염기가 가로대처럼 서로 연결되어 있었는데, 마치 비틀어진 사다리와 같은 이중 나선 형태였다.

DNA의 이중 나선 구조

로절린드의 결정적 공헌

· · ·

윌킨스와 크릭은 서로 잘 아는 사이였기 때문에 때때로 윌킨스는 왓슨에게 자신의 연구에 대해 알려주기도 했다. 윌킨스는 로절린드와 고슬링이 찍은 '51번 사진'도 왓슨에게 보여주었다. 훗날 왓슨이 자신의 책《이중 나선》에서 사진을 본 순간 "입이 탁 벌어지고 맥박이 쿵쿵거리며 뛰었다"라고 이야기할 정도로 로절린드의 DNA 사진은 왓슨과 크릭의 연구에 영감을 주었다. 이를 계기로 그들은 DNA가 이중 나선 구조라는 결정적인 아이디어를 얻을 수 있었다.

하지만 로절린드는 이 사실을 모르고 있었다. 윌킨스는 51번 사진을 보여줄 때 로절린드의 허락을 받지 않았고, 왓슨과 크릭도 이 사진을 자신들의 연구에 이용한다는 것을 미리 알리지 않았기 때문이다. 다만 왓슨과 크릭이 네이처에 발표한 논문 끝에 '윌킨스와 로절린드의 미발표 실험 결과와 아이디어에 자극받았다'라고 짧게 언급했을 뿐이다. 로절린드는 당시 이에 대해 크게 신경 쓰지 않았다.

바이러스 RNA 연구

• • •

킹스 칼리지를 떠나 버크벡 칼리지로 옮긴 로절린드는 DNA 연구에서 손을 뗐다. 로절린드가 혹시라도 자신들보다 더 좋은 결과를 낼까 걱정했던 랜달 교수가 로절린드가 더 이상 DNA 연구를 하지 못하게 힘을 쓴 것도 하나의 이유였다.

로절린드에게는 연구와 실험이 더 중요했기 때문에 크게 개의치 않고 다른 연구로 방향을 틀었다. 로절린드는 '담배 모자이크 바이러스' 연구

현미경을 보는 로절린드 (1955)

담배 모자이크 바이러스에 걸린 담뱃잎

를 시작했다. 담배 모자이크 바이러스는 담배 농사를 망치는 주원인으로 감염된 식물은 잎이 쭈글쭈글해지고 죽어갔다. 그녀는 이 바이러스에 걸린 식물을 치료하는 방법을 찾아내기 위해 바이러스의 RNA 구조를 연구했고, 1955년에는 모든 담배 모자이크 바이러스의 길이가 같다는 사실을 발견하고 〈네이처〉에 발표했다. 로절린드는 버크벡 칼리지에서 만난 좋은 동료들과 함께 1955년 담배 모자이크 바이러스의 모형을 완성했다.

로절린드는 1954년 초청을 받아 미국을 처음 방문했는데, 2년이 지난 1956년에는 미국 국립 보건원으로부터 연구비를 지원받아 버크벡 연구소에서 소아마비 바이러스를 연구하기로 했다.

이른 죽음을 맞이하다
· · ·

그러나 로절린드의 건강이 빠르게 나빠졌다. 검사 결과 두 개의 종양이 발견되었는데, 암으로 밝혀졌다. 아마도 X선으로 실험하면서 방사능에 노출되었기 때문에 생겨났을 것이다. 로절린드는 치료받으면서도 활동을 계속했고, 병이 심해져 병원에 입원했을 때도 다시 건강을 회복하리란 기대를 버리지 않았다. 하지만 그녀는 다시 일어나지 못하고 1958년 4월 세상을 떠났다. 38세가 채 되지 않은 젊은 나이였다.

그녀의 장례식은 가족과 버크벡 칼리지 연구팀들이 모인 가운데 조용히 치러졌고, 유해는 프랭클린 가문의 가족 묘지에 안장되었다. 그녀를 버크벡 칼리지로 데려왔던 분자생물학자 존 버널은 다음과 같이 로절린드를 추도했다.

"과학자로서 프랭클린은 모든 부분에서 극도의 명료함과 완벽성을 보였다. 그녀의 사진들은 지금까지 찍은 어떤 물질의 사진보다도 더욱 아름다운 X선 사진이었다."

로절린드가 세상을 떠난 후

...

로절린드가 세상을 떠나고 4년 뒤인 1962년, 윌킨스와 왓슨, 크릭은 DNA의 분자 구조 및 기능을 발견한 업적으로 노벨 생리학·의학상을 받았다. 왓슨과 크릭은 노벨상 수상 연설에서 로절린드에 관해 이야기하지 않았고, 윌킨스만이 짧게 언급했을 뿐이었다. 당시는 누구도 이 일을 심각하게 생각하지 않았다.

그런데 1968년 제임스 왓슨이 DNA의 이중 나선 구조를 발견하기까지의 여러 이야기를 엮어 《이중 나선》이라는 제목의 책을 냈다. 그는 이 책에서 로절린드를 '못된 성격에 학자인 체 티를 내고, 연구 자료를 혼자만 보고 다른 동료에게 보여주지 않는 여자'로 묘사했다. 이 내용을 본 로절린드의 친척과 옛 동료들이 잘못된 내용을 고치라고 요구했다. 하지만 책은 그대로 출간되었고 《이중 나선》은 크게 인기를 끌었다.

로절린드 프랭클린

출간 이후 사람들은 로절린드가 누구고, 어떤 일을 했는지에 새롭게 관심을 기울였다. 그리고 윌킨스가 왓슨과 크릭에게 로절린드의 '51번 사진'을 허락 없이 보여주었으며, DNA가 이중 나선 구조라는 것을 밝히는데 51번 사진과 로절린드의 계산이 결정적이었다는 것을 알게 되었다. 왓슨도 자신의 책과 강연에서 이 사실을 모두 인정했다.

1960년대 이후 여성의 권리를 주장하는 목소리가 커지면서 로절린드가 여성이기 때문에 부당하게 취급 받은 희생자라는 생각이 퍼져나갔다. 노벨상의 한 자리는 마땅히 그녀의 몫이 되어야 한다는 목소리가 높아졌지만 이미 로절린드는 세상을 떠난 후였다. 하지만 로절린드를 자신의 업적을 부당하게 빼앗긴 희생자라고만 보는 것은 오히려 그녀의 업적을 무시하는 것일지도 모른다. 그녀는 상이나 명예를 얻으려고 특별히 애를 쓰지도 않았으며, 과학 연구를 다른 사람과 겨루는 경주라고 생각하지도 않았다. 무엇보다도 DNA 사진 이전에 이미 로절린드는 석탄과 흑연의 구조 연구로 큰 업적을 쌓았으며, 그 후에도 바이러스의 RNA 연구로 인류에게 크게 공헌한 뛰어난 과학자였다.

DNA 이중 나선 구조의 주인공, 왓슨과 크릭의 이후 삶

로절린드 프랭클린의 결정적 기여가 있었든, 아니면 운이 좋았든 간에 DNA 이중 나선 구조를 밝혀낸 주인공이 제임스 왓슨과 프랜시스 크릭이라는 점은 누구도 부인할 수 없으며, 이들의 발견은 과학 발전에 엄청난 기여를 했다. DNA의 이중 나선 구조를 발견한 후 왓슨은 미국 하버드 대학의 교수가 되었고, 생명 과학 연구소의 소장으로서 인간 유전체 연구 과제의 책임자가 되는 등 승승장구했다. 하지만 왓슨은 훌륭한 인격자는

DNA모델을 보고 있는 제임스 왓슨(왼쪽)과 프랜시스 크릭(오른쪽)

아니었다. 인종적인 편견을 가지고 있던 왓슨은 흑인과 백인의 지능이 유전적으로 다르다는 차별 발언을 서슴지 않았다. 그 때문에 결국 과학계에서 퇴출당했고, 노벨상으로 받은 메달을 팔아야 할 정도로 생활도 어려워졌으며, 과학자로 쌓았던 모든 명예를 잃었다.

프랜시스 크릭은 인간의 의식을 탐구하는 데 열정을 쏟아 인간 뇌의 내부를 들여다보고 뇌 신경세포의 활동을 통해 정신활동과 의식의 본질을 찾으려 했다. 또한 생명의 시작에도 관심을 가져 1981년에는 지구상의 생명이 태양계 외부에서 운반되어 온 미생물에서 비롯되었다고 주장하기도 했다. 마지막 순간까지 인간의 의식 연구에 힘을 기울였던 프랜시스 크릭은 2004년 암으로 세상을 떠났고, 그가 죽은 후 사람들은 '20세기의 다윈'이라는 찬사를 보냈다.

과학 발전에 이름을 남긴 유명한 학자의 이야기를 찾다 보면, 그들과 함께 짧게 언급되는 여성 학자들이 있었다. 이야기의 주인공이 되지 못하고 다만 조연으로 잠시 등장했다 사라지는 여성 학자들은 어떤 삶을 살았고, 어떤 일을 했을까? 그들의 연구는 과학 발전에 어떤 영향을 미쳤을까? 이런 궁금증에 조금이나마 답을 하려 했다.

수천 년 역사에서 등장하는 수많은 사람 중에서 몇 명만 고르기는 어려웠다. 인물들을 가능한 한 시대별로 선정해서 역사의 흐름을 반영하고, 여러 학문 분야를 두루 포함하도록 해 보았다. 또한 각 분야에서 처음으로 무엇인가를 이룬 사람, 당시 사회적인 장벽을 넘고자 힘을 기울인 사람들 위주로 선정했다. 20세기 중반부터 오늘날까지 활동한 학자들은 제외했다. 20세기 중반부터는 학계에서 활약하는 여성의 수가 많이 늘어났고, 그들이 남긴 학문적 업적도 방대하다. 그러니 그들은 '여성' 학자보다는 '학자'로 다루는 것이 올바르다.

이 책에서는 각 장의 주인공을 이름으로 불렀다. 일반적으로 서양인의 이름을 글로 쓸 때는 성을 쓴다. 알베르트 아인슈타인을 '아인슈타인'

이라고 하는 것과 같다. 하지만 서양 여성의 경우 결혼을 하면 남편 성을 따르고, 남편의 지위에 따라 성이 바뀌기에 어떤 명칭을 써야 할지 애매할 때가 있다. 그래서 히파티아와 힐데가르트를 제외하고 나머지 인물들은 전체 이름을 쓰거나 성 대신 이름을 썼다.

이 책에서 이야기하지 못했지만 훌륭한 업적을 남긴 뛰어난 여성 학자들이 수없이 많다. 또한 이 책에서는 서양, 특히 유럽과 미국 학자들 위주로 다루었지만, 훗날 기회가 된다면 우리나라와 아시아 문화권의 여성 학자에 관해서도 이야기해 볼 예정이다. 여러분도 이 책에 등장하지 않는 다른 훌륭한 여성 학자에 관해서도 관심을 갖고 찾아보기 바란다.

나는 여성, 학자입니다

고대부터 근대까지 시대의 한계를 뛰어넘은 여성 학자들

초판 1쇄 발행 2022년 10월 17일
2쇄 발행 2023년 5월 2일

지은이   박민규
펴낸이   박유상
펴낸곳   빈빈책방(주)
편집   배혜진 · 정민주
디자인   기민주

등록   제2021-000186호
주소   경기도 고양시 덕양구 중앙로 439 서정프라자 401호
전화   031-8073-9773
팩스   031-8073-9774
이메일   binbinbooks@daum.net
페이스북 /binbinbooks
네이버 블로그 /binbinbooks
인스타그램 @binbinbooks

ISBN 979-11-90105-50-7 (43990)